天下文化

BELIEVE IN READING

樸實的精采

17個
成就夢想的故事

王明德、王維玲
沈勤譽、林惠君
邵冰如、姚嘉洋
黃筱珮、黃筱潔
合著

目錄

第四部　生命關懷　

序

為台灣培養應對未來的能力

徐旭東　遠東集團董事長

亞東科技大學是遠東集團創辦人徐有庠先生本於「教育興國」所創辦的第一所學校，在台灣工業起飛、亟需專業人才擔綱的年代，有庠先生以遠東紡織與亞洲水泥為後盾，創辦以培育工業專門人才的「亞東工業技藝專科學校」，從一九六八年設立迄今，亞東從二專、技術學院到科技大學，校名更迭數次，唯用心辦學、培育人才的初心，始終不變。

五十五年來，亞東科技大學培育的畢業生遍布各個領域，從早期的紡織、機械、電子、電機，到順應社會需求，逐步增設通訊、商管設計、醫護等專業系所，培育數以萬計的畢業學生，在各自的領域為台灣社會奉獻心力。

近年來，學校積極與遠東集團推動產學合作，安排學生進入遠東新世紀、亞洲水泥、遠東百貨、遠傳電信、亞東紀念醫院、愛買等單位實習，得以理論與實務並重，充分展現「務實致用」的精神。學生畢業後無論是自行創業，或任職公民營企業，均承繼「誠、勤、樸、慎、創新」的優良校風，表現深受各界肯定，不負創辦人辦學的理念。

當前全世界變化的速度愈來愈快，數位化是主要驅動力之一，像是應用智慧手機、平板電腦和其他智能設備來完成工作、學習、購物和娛樂，改變傳統商業模式和消費習慣。新科技興起更帶來深遠的影響，例如：人工智能（AI）、物聯網（IoT）、區塊鏈（Blockchain）和元宇宙（Metaverse）的發展等等，都已經顛覆我們過去的經驗與對未來的想像。

所以，持續創新與進步，是迎戰新變局最重要的關鍵，也是亞東科技大學肩負的重要任務。如何從課程、教學觸發學生創新的思維，養成應對未來的能力，是因應環境變化，培養新時代競爭力的當務之急。

近年來，環境保護（Environmental）、社會責任（Social）、公司治理（Governance）已是企業永續發展的關鍵指標，遠東集團在實踐企業永續發展的過程中，仍將秉持回饋社會之心，持續投入資源以培育人才，善盡社會責任，亦期待在科技不斷創新、企業亟需人才之際，亞東科技大學能繼續培育更加優秀的新世代！

序

每個生命故事都值得欽佩

王孝一　遠東集團公益事業執行長

遠東集團自創立以來，堅持企業對社會的責任，致力於投資教育、為國興才，這也是創辦人徐有庠先生的心願。現今，董事長徐旭東先生繼承這份精神，並且持續發揚光大。為此，董事會每年在亞東科技大學投入充足的資源，協助學校提升硬體及軟體設備、優化校園環境、提高教學品質，以達到培育專業人才的目標。

亞東科技大學自一九六八年創校以來，以「務實致用」培育專門技術人才數以萬計，分布在各個領域發揮所長，對台灣的成長進步竭盡心力。欣逢創校五十五週年，首次嘗試以校友的生命故事做為題材，委由遠見・天下文化事業群編輯出版《樸實的精采》一書，期透過文字影像的記錄，讓社會各界看見亞東科技大學校友的傑出表現，也是對其辦學成果的肯定。

由於篇幅有限，初步選輯十七位校友的專訪，難免有遺珠之憾。然在本書中，已可以看見歷屆校友在各個領域發光發熱：有紡織領域畢業後發展高階紡織技術，有電子、電機科系畢業致力數據科技系統、數位醫療影像系統、電腦遊戲等開發，或是從事照明設備及配備，也有移居海外種植咖啡豆，或是從事經絡養生事業，亦有投身教育、消防、護理等社會服務工作，甚至有機械汽車系畢業但傾心文學創作並屢屢獲獎。

每一個人的生命故事都有其令人敬佩的歷程，同時也為亞東科技大學的人才培育留下了最佳的注腳。我們真誠地希望，經過四年的大學洗禮後，每位莘莘學子都能在自己的人生旅途中留下珍貴的足跡。

教育是「十年樹木，百年樹人」的志業，亞東科技大學從創辦人苦心擘劃經營，到董事長的全力支持，以及自創校以來的歷任校長、教職員工的心血投入，建立優質的教育環境與形象，歷屆畢業生的傑出表現深受各界肯定。我們期待能有更多亞東科技大學校友創造不凡的事蹟，寫下動人的故事，本書只是一個開端……

前言

樸實卻精采的專業魂

「二〇二三未來技職教育論壇」在今年（二〇二三年）五月隆重登場，與會的專家、學者、企業，無不希望推動技職教育的復興運動，開創技職教育的新樣貌。

國際人事管理顧問保聖那台灣分公司總經理許書揚，在論壇中表示，過去企業人事經理可能只在一年一度的校園徵才場合出現，現在則是積極提供科大學生實習機會，希望盡早接觸到優質的潛在人才。他指出，許多上市上櫃公司的創辦人或總經理，都是技職體系培養出來的。

技術人才對產業發展的重要，在許多國家都看得到成果。曾在亞東科技大學（簡稱亞東科大）任教的亞東紀念醫院（簡稱亞東醫院）院長邱冠明認為，德國及日本能夠邁向現代化國家，十九世紀後期開始建立的技職教育與培養的匠人精神，扮演相當關鍵的角色。

在台灣，技職教育的影響力，也可以從亞東科大的發展進一步看到端倪。

為企業儲備即戰力

亞東科大的前身，是全國第一所私立二年制專科學校（簡稱二專）「亞東工業技藝專科學校」（簡稱亞東工專），成立於戰後經濟起飛、亟需專業技術人才的一九七〇年代；幾十年來，隨著國家發展及產業需求，改制後的亞東科大，高度重視專業訓練與實務教學，並且透過與遠東集團關係企業的多元產學合作計畫，培育出具備即戰力的人才。

合富資訊董事長林伯修，工作一段時間後自己創業，承接電信業者與網路設備大廠的電信網路優化工程，僅四年多時間，員工從三人成長到兩百人。

這位第十屆亞東校友會理事長，回憶當年的亞東教育：「學校的課程嚴格扎實，我們在專題製作中培養專業與責任感，也從課外活動中累積溝通協調的能力，最棒的是，能學習貼近產業的實用技能，畢業就能直接就業。」

亞東科大與遠東集團關係企業進行產學合作，讓學生藉由課程訓練和現場實習，了解企業運作，培育即戰力。

學習實用技能的重要管道，便是成熟的產學合作，這是技職院校的特色之一，在亞東科大，這一點更是發揮得淋漓盡致。

相較於綜合型大學，技職體系可以幫助年輕世代利用在學期間習得技術，進而培養職能，強化職場即戰力。為了做到這一點，亞東科大除了致力提供完善的課程與設備、營造良好的學習環境，也積極引入遠東集團豐厚的產業資源。亞東科大校長黃茂全語重心長地說：「我希望讓教學內容更加緊貼產業脈動，進而為產業及社會培育更多科技人才。」

產學合作，提升職場能力

亞東科大除了與各大企業有產學合作計畫，二〇一二年開始，透過遠東集團的力量，推動集團與亞東科大、元智大學的產學實習計畫，集團內包括化纖、水泥、電信、零售、飯店、醫院等十大行業及四十家關係企業，都共襄盛舉。在二〇一三年至二〇二二年間，平均每年有三十家關係企業參與，提供一四一個職缺，轉正職的人數約三五%。

「這個計畫叫就業直達車！」遠東新世紀協理陳岳連表示，在這

項產學實習計畫中，遠東集團關係企業不僅提供職缺，且安排副理級以上的主管擔任導師，提供課程訓練、現場實作與專案執行，讓學生了解企業運作的方式，也從中學習職場技能與溝通互動。

除此之外，遠東集團部分關係企業和亞東科大也有特定的產學合作計畫，例如：遠傳跟電通學院、亞東醫院跟護理系及醫管系、遠東國際大飯店跟行銷與流通管理系等。

以遠傳與亞東科大自主推動的「加山計畫」為例，是針對全台百岳山區投入網路優化工程，並搭配步道里程碑、路線解說牌設立通訊告示牌，讓山友能無後顧之憂地體驗山林之美。遠傳電信協理江華珮談到，在這個計畫中，遠傳跟亞東科大合作開發一套量測手機訊號的ＡＰＰ，並讓部分學生前往現場量測，還有學生因此進入國際電信設備大廠任職。

另一個令人津津樂道的專案，則是由遠傳、

亞東醫院、亞東科大聯手開發的「5G智慧診療結合3D全息投影」概念性驗證。這項計畫將傳統的2D電腦斷層影像轉換成3D鼻竇組織模型，並整合5G低延遲與金字塔全息投影技術，以3D立體動態影像展示仿生人體器官，讓醫師可以清楚解釋不同角度、部位之鼻竇構造與病灶位置。

在實作中磨練職場韌性

「基於『學校向後延伸、職場向前管理』互相對話所產生的產學計畫，具有非常正面的成效，」邱冠明強調，透過產學合作計畫，學生可以早點了解職場，或者評估自己未來的工作方向。

印尼嘉麗雅紡織廠董事長柯昭治，就是典型的例子。他是亞東工專紡織工程科（現為材料織品服裝系，簡稱材纖系）第一屆學生，實習時被分配到南部某間以「董事長脾氣古怪」聞名的大型紡織公司，但實際接觸後，他本著「認真做好主管交辦任務」的態度，深獲董事長肯定，畢業後獲得留任機會，一路從基層做到廠長，為創業之路奠定良好基礎。

聚紡創辦人蔡秋雄，在七、八月酷暑時分的棉牛仔褲工廠學習染整，廠房環境又熱又濕，他卻從中看見染整之美，找到人生方向。

在產學合作中，這些未來的技術人才提早走出校園象牙塔，磨練了實戰所需要的韌性。

佳尼特共同創辦人莊住維在寒暑假到紡織廠工作，不到三天就因為車縫皮箱的鐵拉鏈而受傷，一個月下來，她的手包了好幾層紗布，卻依舊樂在其中，因為她相信「人要吃苦才會有養分」，這個信念也正是她日後成功的重要特質。

「即使是新世代年輕人，也具備同樣的特質，」亞洲水泥（簡稱亞泥）總廠長張志鵬對亞東科大學生給予高度評價：「一開始我還擔心在同事嚴格要求下，同學可能會嚇跑，沒想到他們的學習動機及韌性都很強，表達能力與自信心也進步很多。」

韌性與堅持，的確是職場成功的關鍵。

商之器科技董事長盤龍在創業初期，把借住的三坪大房間做為工作室，每天對著三台電腦寫程式，累了就拉出行軍床睡覺，幾乎廢寢忘食，最高紀錄曾經七餐沒吃。

紳宇實業總經理林白庸從在工廠擔任領班時就喜歡研究產品，常利用假日在公司想點子、動手做，這個習慣延續到他創業，如今紳宇實業已經擁有超過四百件專利認證。

勇敢跳脫舒適圈

種種磨練，一方面讓技術人才更務實，也讓他們培養出不怕跳脫舒適圈的勇氣。

九〇年代末，台灣擁有可程式化邏輯晶片設計專長的人才相當稀少，李高賜擁有這方面的實力，卻因為想做「與人相關」的事業而創辦陞訊數據科技，投入建築永續相關產業。

李高賜的合夥人葉文忠，從個性內向的理工人搖身變為旅行社的外務員，甚至擔任領隊，又在年近半百之際華麗轉身，加入陞訊數據科技，以科技協助建築的永續發展。

宇峻奧汀科技前董事長施文進，在產品熱賣之際，為了多元發展考量，決定投入RPG遊戲。陌生的開發流程和設計邏輯引起合作夥伴質疑，而他頂著壓力前行，最後為公司再創高峰。

亞帝歐董事長廖書尉，創業之後不斷跟隨時勢而轉型，從初期的連接器、線材加工到後來的冷陰極螢光燈管（CCFL），再轉型為LED照明及筆記型電腦連接線業務，近年來又投資太陽能光電及生

亞東科大致力打造完善的技職教育環境，幫助學生培養一技之長，活出精采人生。圖為遠東集團董事長徐旭東（右三）、亞東科大校長黃茂全（左三）、亞東校友會理事長林伯修（右一），參加二〇二三年亞東科大樸慎大樓新建工程動土典禮。

產光學膜，公司的發展儼然是國內產業移轉的縮影。

春秋養生執行長林書任則是另一個例子。他原本在房仲業擁有不錯成績，忽然生涯大轉彎，進入一向被視為競爭門檻較低的按摩業，但他依舊整合所學，開創有別於傳統按摩業的新模式。

興采集團董事長陳國欽創業三十多年來，持續帶領團隊突破創新，從傳統紡織品快速轉型開發機能性紡織品，再到領先國際的環保咖啡紗，寫下如今的卓越成就。

技術人才除了在製造業擔任重責，在文化的領域，也因為他們的樸實態度，帶來深層的改變。

亞東科大校長黃茂全，每次會議時都會追蹤之前定下的待辦事項，直到確實執行完畢。久而久之，學校的風氣改變了，同仁都願意把學校的事當作自己的事，校務推動變得更順暢。

普門中學前校長蔡國權重視學生的品德，把佛光山創辦人星雲法師闡述的佛法融入生活與教育，例如：用餐完畢要收拾餐具、桌子，離開餐廳時要向工作人員道謝。孩子在日常中實踐，養成習慣，讓家長都不禁讚嘆他們的改變。

原民創作者簡李永松原本是高中老師，在五十歲的壯年轉而投入復興族群傳統，他一方面拍攝紀錄片，一方面在部落國小教書，同時在北部大學教授泰雅族族語，得到不少迴響。

三百六十五行的運作，完備了一個社會所需要的功能，每一行都無法缺少專業技術人才。只要用心觀察，在各個地方、在你我的日常，都能看到他們熱力四射的身影。

大半輩子都在護理界服務的亞東醫院護理部督導賴宜芳，把護理制服當作榮耀的戰袍，深信護理人員除了打針、發藥，更能在國家發生重大疫病時，成為公共政策的參與者。

亞東醫院急診護理師許嘉文抱持積極樂觀的態度，忙碌之餘，仍然透過Facebook分享護理工作的點滴，讓新人知道護理界的真實樣貌，雖然辛苦但不可怕。

台北市消防局北投光明分隊隊員許家睿，因為一場車禍看見救護人員的價值，他開始思索自己的人生，進而成為一位消防隊員，因為那是一份可以幫助別人也能為自己創造價值的工作。

培養一技之長，全力以赴

「台灣社會應給予技職教育更高的肯定，」邱冠明呼籲，家長必須打破「小孩一定要念一般大學」的思維，放手讓他們朝自己的興趣發展、培養一技之長，並且勇於承擔自己的選擇；他也鼓勵學生，一定要多把握產學實習的機會，更清楚工作內容、對職涯更有定見，盡早確認自己的角色，以及未來應表現的專業與責任。

曾經許多人以為，念技術學校的孩子畢業之後只能當黑手，這個成見，被這些亞東校友一一打破。即使沒有社會的鎂光燈、沒有眾人的掌聲，他們一樣活出自己的精采，也同時創造了別人的精采。

文／編輯部・圖片提供／亞東科技大學

第一部

正面迎戰

為了夢想，他們不斷鞭策自己，磨練出實戰力。
就算遭逢挑戰，也毫不畏懼，勇於面對，
用韌性與堅持闖出一片天。

樸慎
Diligence
1997

眼光獨到

柯昭治

印尼嘉麗雅紡織廠董事長

掌握趨勢，開創國際新市場

柯昭治憑藉敏銳的觀察力與判斷力，
勇闖印尼，創建成功的事業與人生，
更不忘回饋成就他的土地與人們，
為台灣與印尼社會打造正向循環的力量。

對台灣而言，印尼可說是「最熟悉的陌生人」。這個由一萬八千個島嶼組成，素有「萬島之國」之稱的國家，從空中俯瞰，就像是眾神不小心遺落在印度洋與太平洋間的珍珠。

當全球經濟陷入停滯的陰霾時，擁有二億七千萬人口、全球第四多人口國的印尼，才開始綻放出耀眼奪目的光芒——二〇二二年經濟成長率達五．三一%，遠超過全球平均三%，再加上豐沛的人力與天然資源，不只吸引全球汽車生產業及紡織成衣供應鏈前往印尼投資布局，印尼更成為繼越南之後，台商爭先進駐的新興市場。

但是早在四十年前，當明珠尚蒙滿塵埃時，印尼嘉麗雅（Karya）紡織廠、興南印染創辦人柯昭治就獨具慧眼，看中當地龐大的人口紅利與內需市場商機，即使語言不通、完全不懂伊斯蘭文化，仍然果敢前往印尼開拓海外事業與人生，白手起家打下龐大基業，翻轉出人生全新可能。

台商口中的「柯爸」

每當有台商或媒體想要到印尼考察、參訪，「找柯爸幫忙吧！」是許多人腦海中立即浮現的念頭。

眾人口中的「柯爸」，便是柯昭治，他同時也是僑務委員會諮詢委員。

早在一九八一年，柯昭治便前往印尼紡織重鎮萬隆發展，從擔任技術人員、廠長到獨立創業，耕耘四十餘年，如今他的事業版圖已涵蓋成衣一條龍，從布料生產、印花設計、染整、成衣到品牌經營，光是布料銷售的年營收就超過新台幣一億元，員工人數近千人，在印尼被列為中型企業。

當被問到他搶先同業、到印尼布局發展的遠見與魄力從何而來，柯昭治臉上帶著謙和的微笑，娓娓敍說了一段揉合台灣紡織產業起落與個人生命演進的故事，其中最令人動容的，就是他如何憑著眼光與魄力，在時代巨輪之下，找到撬動自己未來人生支點、搏出可觀事業的過程。

抓住時代脈動，投入紡織產業

柯昭治從小在屏東鄉間長大，因為家境並不優渥，自屏東高級工業職業學校畢業之後，他便進入海軍陸戰隊，由於表現優異，先後被調派至陸戰隊士官學校與海軍陸戰隊學校受訓，在軍事化訓練下，鍛

鍊出不怕苦、不畏難的韌性。

退伍後，柯昭治考上當時屏東縣政府的地政科專員，負責土地籌劃分配事宜。工作穩定，但每個月底薪只有八百元，再加上內勤工作枯躁又繁重，改變現狀的心情油然而生。兩年後的一九六九年，全台第一所私立二專——亞東工業技藝專科學校成立並招生，柯昭治便決意離開公部門，進入亞東工專紡織工程科，為自己的人生闖盪出一條新路。

柯昭治的轉職決策，有理有據。他從生活中發現商機：「光是一件學生制服就要價好幾百塊！」而且，政府大力扶持紡織加工出口產業，再加上遠東紡織（現遠東新世紀）、中興紡織、台南紡織等眾多企業亟需人力，紡織工程科的學生一畢業起薪就高達兩千多元——這是過去他必須天天加班才能獲得的薪資水準。因此他認為：「人只要活著就得穿衣服，所以紡織業絕對不會被柯昭治（右）的成就，獲遠東集團董事長徐旭東（左）肯定。

淘汰！」

分析需求，選讀針織組

進入亞東工專，讓柯昭治的創業夢找到萌芽的土壤。他刻意選擇就讀針織組，因為相較於毛紡、化學纖維，針織布料的生產流程與人力需求相對單純，只需要不到百萬元的資金、幾台機器就可以運作。

目標明確，產業前景又欣欣向榮，柯昭治求學期間過得充實而忙碌，至今仍對當時的老師如數家珍：擔任第一屆科主任的陳迺洪，讓他打下了堅實的纖維材料基礎；教授針織工程學的王鶴齡，至今仍令他充滿感念：「考試時，我們的題目是一塊布料，不只要從中分析針織的組織圖，還要畫出機器的組織排列。」在課堂之外，王鶴齡還會帶著學生走訪特色工廠，讓學生可以親眼觀察產線運作，甚至還會請廠長動手教學。

等到暑假實習，柯昭治親身進入現場實作，更加體會到老師們的用心良苦。

當時，他被分配到南部某間大型紡織公司，一時間極度忐忑不安——在他之前，這位脾氣有些古怪的董事長已經趕跑了兩位實習同學。而柯昭治上班的第一天，董事長便將他叫進辦公室，表情嚴肅地指著眼前兩台故障的舊機器，要他修好它們。

此刻，柯昭治反倒不膽怯了，因為他發現，只要認真做好主管交辦的任務就毋須害怕。而他的底氣，來自於在學校學到的扎實功夫，後來也果真很快將機器修復至可以順利運作織布的程度。

實習結束，原本以為「學生」和「董事長」不會再有什麼交集。沒想到，兩個月後，那位董事長竟一聲不吭，就將這兩台機器無償送給亞東工專，做為學生實習練習的重要設備。面對如此厚意與恩情，柯昭治畢業之後，也應董事長要求前往公司上班，從基層一路做到廠長，一待就是十年，累積了豐富的產線與工廠管理經驗，讓他距離實現創業的夢想又更近了一步。

慧眼識中印尼新市場

也是在這十年期間，柯昭治親身經歷了台灣紡織業起飛到衰退的過程。

八〇年代，台灣紡織業的產銷成績達到歷史高峰，但在傲人數字背後，卻埋藏著盛極必衰的危機——工資大幅上漲、勞動力短缺、環保意識興起，有些企業轉向附加價值更高的上游工業移動，開發附加價值高的機能紗，但是柯昭治身處的針織產業卻必須仰賴大量勞動力而生，如何才能在市場中持續存活？

「我想來想去，還是要像遊牧民族一樣，逐水草（勞動力）而居，」柯昭治說。不過，相較於許多同業選擇西進或是前往越南，他相中的新牧場，是其他台商避之唯恐不及的印尼。

「當時只要跟其他人講到印尼，大家就會先搖頭，立刻想到排華、宗教差異，感覺風險很高，」但是柯昭治的關注重點卻與其他人不同，「印尼擁有二億七千萬的人口紅利，再加上青壯人口多、內需消費力強，最適合紡織產業發展。」

雖然對印尼的前景充滿信心，但個性謹慎的柯昭治並沒有貿然創業，而是選擇先蟄伏累積實力。

一九八二年，在一個偶然的機緣下，兼具專業技術與管理經驗的柯昭治，被一位針織機工廠的老闆引介至印尼萬隆，在當地華僑開設的針織工廠擔任廠長。這份工作，他一做就是十年，而在學會印尼語、有了當地人脈之後，他靠著多年來存下的百萬積蓄，自台灣買了幾台舊機器，便在租來的廠房中創立嘉麗雅，開始生產各式布料。

憑藉敏銳的商業嗅覺，柯昭治鎖定印尼本土超過二億的穆斯林人口，開發出各式女性包頭巾和拜毯，每個月可生產的布材高達六百公噸，其中超過八成都是內銷。他的兩個兒子在大學畢業、完成紡織工廠歷練後，也陸續前往印尼與柯昭治團聚，共同奮鬥。

耐苦勞，白手起家終有成

「在印尼，只要一步一腳印，存到一點本錢，你做什麼都會賺錢！」回顧自己的創業史，柯昭治說出口的永遠只有幾句自謙的平淡話語，彷彿四十年來一切順風順水，沒有碰到任何波折。

唯獨提及家人時，才稍微窺見他當時的辛苦。

柯昭治回憶，因為印尼的生活與教育環境較為不便，為了孩子們的成長，他的妻子必須獨自留在台灣，照顧兩個年幼的兒子及公公，這種兩地相隔的日子持續了十年，而當年的通訊環境，如果想要聽見家人的聲音，還必須到電信局打國際電話才能實現。

再加上，當時印尼尚處於蘇哈托執政的排華時期，社會環境非常封閉壓抑，想要看到一份中文報章雜誌都是奢望。若偶爾有台商偷偷夾帶進來一份台灣報紙，便會被思念家鄉的柯昭治當成寶貝，一看再

「在印尼，只要一步一腳印，存到一點本錢，你做什麼都會賺錢！」柯昭治認為，縱使在異鄉很辛苦，只要肯拚，也能闖出一番事業。

看，成為異鄉枯燥生活中的重要慰藉。

內斂的柯昭治從未在孩子面前流露情緒，但他的犧牲與付出，家人都看在眼裡。大兒子柯百觀曾在一次訪問中提到，他在一九九五年初次前往印尼，飛機一落地便想掉頭回台灣，因為舉目所及的景象過於刻苦，和台灣簡直是兩個世界。沒想到震撼教育還未結束，他中午打開便當時，只看到一塊鹹魚、一片木薯葉，上面放著一小匙辣椒，其他同樣來自台灣的同事大呼：「這不是人吃的！」但是這種只求果腹、毫無樂趣與享受可言的便當，柯昭治已經吃了十多年。

幸好，辛苦澆灌出來的甜美果實，足已讓柯昭治忘卻過程中的艱苦。

在父子齊心打拚之下，柯昭治的事業版圖從針織跨足到染整、印花及品牌，還成功打入愛迪達和耐吉的鞋面布料供應鏈。累積了兩代人的努力，如今，柯家不只在印尼落地生根，員工從三十多人成長至近八百人，事業版圖也持續向外延展，長成不容忽視的參天大樹。

提前預想，就能安心面對

說到底，要在新的國度開創一番事業，自然會碰到大大小小的波折與逆境，而一九九八年的「黑色五月暴動」，堪稱是柯昭治有始以來碰過的最大危機。

一九九七年，亞洲金融風暴引發匯率狂貶、外資出走、企業倒閉，連帶波及政治局勢，大批民眾走上印尼街頭示威遊行，接著便演變成失控的騷亂，當時被視為掌控印尼經濟的華人社區、公司紛紛被砸毀、搶劫，而柯昭治的工廠也被迫停止生產兩個多月。

停產事小，對當時台商造成致命打擊的，是四十多家銀行突然倒閉，許多台商一夕之間失去所有積蓄，只能黯然離開印尼。

「幸運的是，我存錢的銀行沒有倒閉，」柯昭治笑著說，還好自己平日對待印尼員工非常尊重，工廠並未遭到劫掠破壞，後來才可以持續經營，甚至在動亂之後還能伺機大量買入土地興建廠房，大幅擴充生產規模。

即使歷經浩劫，柯昭治也從未想過要離開印尼，其中固然有生產成本的務實考量，但核心卻是歷經大風大浪才練就的智慧。

「碰到不如意的事情，我會先預想最好、最壞的情況；若是連最壞的情況都可以承受，就不會把事情一直放在心裡……」這種凡事先做好準備、拿得起放得下的心態，也讓柯昭治平安度過中國大陸低價搶占外銷市場、新冠肺炎疫情帶來的停工、通膨等衝擊，經營之路愈來愈得心應手。

就連小兒子柯百庠想要發展麝香貓副業，大手筆投資興建咖啡莊園、種咖啡樹、復育麝香貓，柯昭治也只對他說：「不論成功或失敗，至少家中還有一份本業可以做為退路。」即使擔憂，愛子心切的他，仍默默幫忙把關土地合約、橋接自身人脈，如今柯百庠的咖啡品牌「金色百林莊園」已在國際上打出響亮名號，甚至成為印尼主辦亞非會議時，送給各國元首的「國禮」。

推動公益，回饋印尼與台灣

近年來，因為第二代接班有成，柯昭治的重心逐漸轉向回饋社會，只要有台商想到印尼投資，他都願意無私分享多年來與印尼官

員、部落及員工打交道的經驗，降低文化差異帶來的經營風險。

至於柯昭治的另一個重心，則是推動印尼華語教育。

「印尼有兩千萬華人，但是在過去三十多年的排華政策下，很多華人早就失去自己的文化傳承，連自己的華文姓都不知道，」他惋惜地說，若是這群人能夠講華文、接受更好的教育，就有機會在台商的工廠中擔任管理職，進而翻轉階級，改變後代子孫的命運。

「取之於印尼，也應該用之於印尼，」正是這樣的使命感，讓柯昭治全心投入，發揮自己多年累積的各界人脈，串聯留台校友會、西爪哇教育機構，組織退休教師到印尼培育師資，同時也積極促成台、印教育合作，對正歷經少子化的台灣而言，也能夠增加學生人口，甚至留在台灣發展，解決當前嚴峻的缺工困境；即使這些人想回

柯昭治的事業版圖包含布料生產、印花設計、染整、成衣和品牌經營，打造出成衣一條龍的產線。

印尼，因為會講中文，也可以在台商投資的工廠擔任幹部，職涯前景更加寬闊。

打造正向循環力量

柯昭治正如同《紐約時報》極具代表性的專欄作家大衛．布魯克斯（David Brooks）於著作《第二座山》的自省，在征服世俗成就的第一座山之後，選擇攀上第二座山，臣服於對家庭、志業、信仰、價值的承諾。

這種承諾，帶來無窮的力量，讓已經快八十歲的柯昭治仍充滿活力，持續為台灣與印尼社會打造更正向的循環力量。

文／王維玲．攝影／黃鼎翔．圖片提供／柯昭治

以善為本

盤龍

商之器科技董事長

專注單一領域，讓企業重生

善，是盤龍的人生信念。
他選擇投入醫療產業，幫助更多人獲得照護。
這不但為他帶來成就感和幸福感，
也讓他有動力去面對任何困難。

跟傳統中想像的「董事長」不同，採訪這天，商之器科技創辦人兼董事長盤龍，既沒穿著筆挺西裝，也沒梳整齊油頭，而是隨興的運動風裝扮，散著一頭及肩長髮，一派自在瀟灑。

獨特的風格，也反映在辦公室的裝潢上。

商之器企業總部座落在科技業林立的內湖，但如果不說，光看環境，可能會以為這裡是一間藝廊，因為辦公室外的長廊不是陳列公司的創業點滴，而是滿掛著董事長的攝影作品。

這位另類的董事長，既是創業家、也是藝術家，就連「商之器」的命名靈感也是來自日劇《砂之器》，在冰冷的科技風中又帶有些許浪漫情懷。

從小想當發明家

盤龍的出身並不富裕，小時候家境不好，每逢寒暑假都必須跟著父親做水電，可以說是一個沒有假期的孩子。

跟著父親工作的日子裡，總是父親騎著腳踏車，後座載工具，他跟在旁邊小跑步；當時最開心的「小幸運」，就是父親到了現場發現工具沒帶，他就可以幫父親騎腳踏車回家拿。只有這時，喜歡騎車的他才有機會一償夙願。

因為家裡窮，就連腳踏車都只買得起一台，對此，盤龍不諱言，他從小就知道努力賺錢的重要。

不過，他想的是：如果能當發明家就好了。「我最想做的事，就是開創出自己熱愛，同時也能助人的事業，」盤龍說，如果能夠發明一些造福人群的東西，在幫助人的同時還可以賺錢，「那不是最完美的事嗎？」

只要努力，就能從第一節車廂下車

隨著年齡增長，國中畢業後，盤龍聽從父親的話，選擇技職教育體系，以便學習一技之長，於是進入松山高級工農職業學校（簡稱松山工農）就讀，「當時政府重視技職教育，我在高一的時候就有電腦可用，」喜歡科技的他對此相當開心，但二年級上學期之前，因為太專注於拳擊校隊的練習，沒太多時間念書，成績並不如意。

一直到二年級下學期時，盤龍驚覺，再不認真念書，很可能會跟自己想當發明家的志向愈離愈遠。從此，他用功補進度，畢業時更拿下全校工科第一名。不過，到了大學聯考，他不幸失利，轉而報考專科學校，沒想到再次失利，直到第三次分發，才錄取亞東工專電子工程科。

亞東工專的口碑好、師資強，盤龍非常珍惜這個就學的機會，他告訴自己：「雖是吊車尾進亞東，但不管從哪節車廂上火車，最後都要從第一節車廂下來。只要認真努力實踐，就算結果不理想，也不會感到遺憾。」

這個信念，讓盤龍在亞東工專念書時，總是拿出一百二十分的拚勁，也留下至今依然深刻的印象。

「在工業控制的第一堂課，我把老師準備上課用的原文書第一章全都讀了一遍，當場提出許多問題。老師可能沒想到，居然會有學生在第一堂課就大量發問，有些問題答不出來，當場似乎有些尷尬，」盤龍笑著回憶。

不過，「這也是亞東老師認真的地方，」盤龍話鋒一轉，他發現一週後，老師的課本上增加好多注記，顯然是花了很多時間詳讀課本，也沒有再被他問倒。

除了課堂教學，亞東工專的老師也常邀請校友返校，與學弟妹們分享經驗。

「像是二年級下學期的一門課，老師請到一位做醫療超音波維修的學長分享他的工作經驗；聽了學長的分享，我覺得從事醫療產業既能助人，也很有發展前景。後來我決定往醫療方向發展，很大一部分原因是受到這位學長的影響，」盤龍說。

為好奇嘗試蹺課

專注學習之外，盤龍也有旺盛的好奇心，讓他的人生有了蹺課初體驗。

他記得，當時有一門「操作系統」的課程，排在週間第一堂，由班導師授課。「我從沒蹺過課，加上操行分數因為校外表現加到一百零四分，就算曠一堂課扣零點五分還是超過一百分，所以我想嘗試一次蹺課的感覺。」

盤龍真的蹺課了，但，蹺課後要做什麼？

一時之間，他不知道去哪裡或要做什麼才好，只好帶著課本到圖書館念書，「沒想到，導師下課之後回辦公室，中途經過圖書館，看到我在圖書館讀上課的東西，就拿書輕輕敲我的頭說：『你不來上課自己讀，如果沒有考過九十分，我就把你當掉！』結果，我考了

九十八分。」

現在回想起來仍不覺莞爾，盤龍笑著說：「我很熱愛在亞東就讀的每一天，喜歡學校教的內容，給我很多啟發。」從小就喜歡理工的他，在那段期間，可以說是如魚得水。

後來，盤龍以第三名成績畢業，真的達成了「從前面車廂下車」的自我承諾，扎實的學習也為他的創業能力打下深厚根基。

工作二十天決定創業

從亞東工專畢業、服完兵役後，盤龍在一九八六年進入一家做中文輸入法的公司上班，從事硬體設計工作。這是他這輩子唯一一次當員工的工作，總共做了二十天。

進入這家公司時，他曾經花了三個小時寫完應徵考題，離開時卻毫不留戀。「決定離開的時候，老闆說要幫我加薪，但我仍決定要走，」盤盤龍（右三）從軟體設計工作室起家，至今已發展成跨國企業。熱愛攝影的他，在公司入口處還設立可供拍照用的藍色背景。

龍說，在這二十天的工作裡，他發現自己雖擅長設計硬體，但是相較於公司裡的其他人，非相關專業出身的他，還是感覺有些瓶頸難以突破，再加上他也喜歡軟體設計，「我忽然體悟到，應該把時間花在做出自己會的東西上，而不是一味挑戰自己做不到的事。」

不過，更大的原因是，他發現自己的個性比較屬於「自由風格」，很難適應朝九晚五的工作型態。

盤龍想起小時候的自己。

那時，他喜歡盪鞦韆，但是因為個性溫和，下課時間不願跟人搶，總是先把機會讓給別人，等到上課前才去玩兩下，但是等回到教室上課後，望著窗外的鞦韆空盪盪，心裡總想：「為什麼現在不能去盪鞦韆？」「為什麼一定要人擠人？」

不喜歡被限制的個性，從小就非常鮮明。

七餐沒吃，為了專心寫軟體

離職後，盤龍決定創業。一九八八年一月十九日，他創立了商之器，選擇用軟體做為創業的主要核心。

為了養家活口，盤龍的父親背負不少欠債，當時在大樓擔任管理商之器科技團隊投入醫療相關產業，不但開啟自家的藍海市場，也幫助更多人得到照護。

員，平常就住在電梯頂樓的機房裡，自然是無法提供他任何資金方面的幫助。

所幸，他的人緣不錯，透過當兵同袍的介紹，陸續接到很多需要客製化的軟體設計案，辦公室則仰賴亞東工專的同學，出借三坪大的房間供他做為工作室使用。

創業初期，忙碌的工作讓盤龍不自覺變得廢寢忘食。他總是一個人窩在工作室裡，對著三台電腦寫程式，累了就拉出行軍床睡覺，認真起來連吃東西的時間都沒有，也忘了餓，最高紀錄曾經七餐沒吃，只怕一個閃神就忘了要寫什麼。

終於，接案收入幫盤龍還清家裡的債務，也大幅提升他的系統分析能力和軟體開發經驗。

然而，案子雖多，經驗卻無法複製，因為每個案子的情況各異，A公司的情況或解決方案未必適用於B公司。

「只做訂製軟體無法產生規模經濟，唯有讓產品規格化，才能統一行銷策略，方便公司業務人員解說，也才有助於大量銷售，」盤龍發現問題之後，決定改變方針，把目標鎖定在當時大街小巷林立的洗衣店，提供他們以軟體輔助管理清洗衣物收／交件的解決方案。

洗衣店資訊化的生意，是盤龍綜觀市場趨勢與本身能力所及後的抉擇，也確實為公司賺進第一桶金。然而，台灣的洗衣店市場太小，一、兩年便逐漸飽和，必須設法開發其他產品。

做困難的東西才不會陷入紅海

經過評估，盤龍認為，商之器已經具備處理影像與繪圖資訊的能力，於是他選擇切入同樣高度需求這類能力的醫療影像和GPS。但他沒想到的是，GPS燒錢的速度，遠遠超乎想像：「光是畫地圖，才跑兩、三個月就花了八百萬元，很快便沒錢了。」

GPS業務讓商之器虧損將近一千四百萬元，盤龍決定止血，不再開發GPS業務，專心做醫療影像。這個明快的決定，為他的事業帶來重生的契機，但過程並不簡單。

眾所周知，醫療關乎人命，產業環境相對封

閉，新興業者不易切入，「很長一段時間，我們每天研究規格到三更半夜，幸好有一家日本醫療廠商發現我們的能力，讓我們開始可以將設計的產品外銷到日本，每批訂單價值四萬美元，不到半年就還清所有欠款，」盤龍說，「我一開始就認為，要做困難的東西，才不會陷入紅海，所以選擇日本市場。如果做得成，以後就有機會；如果做不成，就回去上班。」

一開始的想法就是那麼簡單，只是，過程中壓力頂天，跟日本客戶往返的電子郵件至少超過千封，所開發的產品才得到青睞。「債務還清後的兩、三年，我還經常做欠錢的惡夢，甚至三更半夜打電話問親朋好友『我是不是還有欠你們錢？』」盤龍笑著說。

幫助人是快樂的事

回首創業路，盤龍說，年輕時沒想太多，毅然決定離開職場、創立商之器，只問自己：「喜不喜歡？能不能做？有沒有辦法做得比別人好？」這三個問題想好了，就去做。不過，如今看來，他所選擇的，是一條適合自己且正確的道路。

從一人公司起步，到立足台灣，在北京、上海、東京與夏威夷設有分支機構，主要客戶群涵蓋國內外醫院與國際醫療儀器廠商。隨著事業版圖擴大，他對醫療產業也有更深的體悟：「這個產業不容犯錯，因為我們做的都是攸關病人生命的事。做為醫療產業的基石，必須比其他人更加尊重生命，才能確保品質。」

不過，盤龍也同樣以此自豪：「商之器的資深員工很多，成立三十六年來，不少員工出社會的第一份工作就是在商之器，然後一直做到退休。」

在他眼中，這樣的員工組成，相當適合醫療產業，因為醫療產業有嚴格的品質規範，所有產品都必須經過完整的測試和品質認證才能正式銷售，開發時間短則三年、長則五到七年，且從生產到退役，產品生命週期長達二十年以上，人員的穩定性自然相形重要。

「研發人員的穩定性和工作態度，決定生意的成敗，」盤龍直言，這也正是他自認需要持續努力的地方，希望可以營造「大家庭」的氛圍，讓員工可以自在相處，同時提供穩定的薪資福利，讓員工可以安心留任。

然而，這樣的條件，不乏其他企業可以提供，盤龍還有什麼獨門祕技嗎？

「大概是難以取代的成就感吧，」盤龍笑著回應：「看到醫師每天用我們的系統，便覺得我們所做的事情對人類是有貢獻的，這種感動與喜悅難以形容。」

他舉例，像是同仁發明的「EKG十二導程心電圖儀器」簡稱「到院前心電圖」，能快速判讀患者是否為急性心肌梗塞，幫助急救人員決定要送哪家醫院，同時也能夠讓醫院提早準備，以緊急進行心導管手術。

「這套系統在大高雄地區已經救了三、四百人，」盤龍說，「每救一個人，我們就會在公司群組裡發訊息，讓同仁知道我們做的事是有意義的。」當聽到醫療團隊誇讚：「你們東西做得很好！」簡單一句話，讓人聽了很舒服，也不由自主生出更多工作的動力。

「幫助人是非常快樂的事，不只幫到別人，也讓自己很快樂，因此不管做什麼事情，都應該從善的角度出發，不是從利出發，」盤龍對自己與對員工們，都是如此期許。

追求美學，跨域進修美術博士

從一人公司努力拚起，歷經三十多年的摸索成長與拓展版圖，

商之器科技的資深員工很多，穩定性高，在盤龍眼中相當適合在醫療產業任職。

商之器發展為資本額突破三億元的上櫃公司，全球有三千五百家醫院使用他們開發的醫療資訊系統，躍居世界級的領導品牌。儘管成就非凡，但盤龍謙稱，「這不是個人的成功，而是全體員工共同的成就，他們才是真正的幕後英雄。」

不過，「儘管商之器的營運已有相當規模，在台灣是一個能被信任的品牌，但是放眼世界，百年老店不少，還有很多困難在前面，必須小心謹慎發展，」對於企業的未來，盤龍不敢懈怠：「商場的競爭與挑戰從無止息，個人的進修與學習也是一輩子的事，必須不斷地自我要求。」

事實上，盤龍勇於挑戰的性格，從他跨域就讀台北藝術大學美術系博士班，也可以看得出來。

採訪前一晚，盤龍還在努力趕寫博士班的論文。回憶起當初跨足這個領域，除了對藝術的喜好，更因為醫療與藝術、醫療影像與攝影有許多共通的地方。

一方面，他有感於公司產品受到世界各國的喜愛，但是操作介面和資訊的呈現卻十分缺乏美感，渴望做出改變。

「我們曾聘請許多設計公司對產品進行美化，但始終無法與國外

大廠競爭，因為在做設計風格選擇的時候，我們自己缺乏美學素養，無法分辨好壞，」盤龍說，這是他親身到藝術大學進修的重要原因，因為只有審美能力提升，才有辦法讓公司產品從根本開始改變。

二方面，他希望能夠為台灣的文化創意產業貢獻一份心力，因此運用工作之餘的時間投入，希望能夠融合創業家與藝術家的角色，做跨領域的事情。

把學習當成一輩子的事

「我常思考一個問題，就是人生走這一遭，目的為何？應該不只是為了賺錢吧？」盤龍感性地說，每個人的心中都有一個夢想，而他的夢想，是希望很久很久以後，即使他已離世很久，有人看到他的作品，還能夠受到感動，並且能從作品中得到啟發，產生共鳴。

盤龍認為，技職體系出身者，不但習得可保障生活的一技之長，也會建立信心，是可攻可守的人生規劃。

正是由於擁有這樣的情懷，盤龍強調：「務必要將學習當成一輩子的事。」

他以自身為例進一步指出：「即使是技職體系出身，所謂聞道有先後，永遠不需要為沒有讀一般大學而遺憾；即使沒能念高中，但是進入亞東科大後，學習的東西都以實用為主，習得一技之長就可以讓生活有保障，也會建立起從容不迫的信心，反倒是一種可攻可守的人生規劃。」

不過，他也提到，只有專業能力還不夠，台灣市場很小，如果想要開拓事業，一定要以全球做為標的，語言將是最基本的技術，一定要盡快建立這項能力。

「希望每個人都能在專業上找到樂趣。能快樂工作，就是最幸福的人，」盤龍真切相信，並在每一天用力實踐著。

文／黃筱珮．攝影／黃鼎翔

務實果敢

廖書尉

亞帝歐董事長

以台灣牛的堅毅化解轉型危機

遇到問題，便設法解決。
廖書尉以勤懇踏實的態度，
從一個農家孩子成為青年創業家，
憑實力爭取改變未來的機會。

桃園是國內工業科技大城，涵蓋物流、光電、航太、生技等產業聚落，創立已超過三十年的上櫃公司亞帝歐光電，總部就座落於桃園市八德區。

亞帝歐總部就是保稅工廠，門禁格外森嚴，連董事長座車進出工廠，後車廂都必須接受檢查。不過，一旦進入接待客戶的展示間，卻是不同樣貌。

展示間有著柔和的燈光，幾座圓滾滾的橡木桶矗立其間，一旁是西班牙鬥牛的銅雕藝術品，鬥牛背上橫放著的是紅酒；而直立在玻璃櫃中的威士忌酒瓶，在ＬＥＤ燈光照射下呈現單一純麥的金黃色，凸顯其醇厚滋味。

要是不說，乍看會以為這裡是酒商的展示間，很難聯想到它居然是一家科技公司。殊不知，有著畫龍點睛功能的ＬＥＤ燈，才是真正的主角。

亞帝歐初期從事連接器、線材加工、傳輸線組立加工等業務，後來接觸到冷陰極螢光燈管（ＣＣＦＬ），應用於掃描器及ＬＣＤ背光板。接著，因ＣＣＦＬ被ＬＥＤ取代，再轉型為ＬＥＤ照明及筆記型電腦連接線業務，近年來則投資太陽能光電及生產光學膜。

公司的歷史沿革，儼然是國內產業移轉的縮影，而創辦人廖書尉正是一路帶領亞帝歐轉型的關鍵人物。

賣鳳梨、抄作業，全為打工賺錢

一九六五年出生的廖書尉是南投人，父母以務農為主，在田裡種稻、種菜，在山上種植鳳梨、龍眼等水果，農閒時候則兼差打零工，形同做了兩份工作，箇中辛苦不在話下，但是收入卻僅剛好讓一家溫飽而已。

廖書尉看在眼底，深知父母靠天吃飯，攢錢不易，從小就有必須幫忙分擔家計的認知。還在國小就學時，他就會協助賣鳳梨——父母將大顆、賣相佳的鳳梨拿去市場賣，他則帶著剩下的小顆鳳梨，以一顆一塊錢的價格在路邊兜售。

除了賣鳳梨，廖書尉不放過任何可以賺錢的機會。

「現在流行跑外送，我小學就在跑了！」廖書尉笑稱，他在學校，會透過幫同學抄寫作業或跑腿到福利社買東西，賺點小錢。

打工賺錢的日子一直持續，但「後來變成是閒不住，而且想順便賺點零用錢，」廖書尉記得，他在國中暑假時到養雞場打工，考上高職那年的暑假到廟會擺地攤賣涼席，沒想到，「當時不懂怎麼叫賣，花了一整天的時間卻賣不完，只賺到一點點錢。」不過，這些挫敗的經驗，卻變作日後成長的養分。

渴望改變，毅然選走技職路線

數十年前，國中校方會將學生分為「升學班」與被戲稱為「放牛班」的非升學班，「當時父母希望我可以繼續念高中，將來可以當公務員，有一份安穩的工作，」廖書尉說，「但我的學業成績只是中等，而且覺得自己坐不住辦公室，再加上我認為如果擁有一技之長，畢業便可以就業，於是選擇走技職體系，考上高職電工科。」

「坐不住辦公室」是廖書尉當時的想法，但在心底或許有著更深沉的思量——渴望改變。

從小看著父親早出晚歸忙於農事，農閒時還要去打零工，一年到頭靠自己的勞力辛苦工作，賺的錢卻不多；再加上，賣涼席的經驗讓他體悟到，為人打工也只能賺取微薄的收入。種種因素加乘，他認為，如果自己不做出些改變，未來還是擺脫不了為生活所苦的宿命。創業的念頭，在此時萌芽。

三十幾年前的職業學校，傳授的是扎扎實實的硬功夫，而目標明確的廖書尉說，他在高職期間，為了考取水匠和電匠執照，不僅自己在家裡實作練習，了解如何接水管、配電線，還另外報名補習班上課進修。

「沒想到，因為有水電實作經驗，在補習班上課一週後，就被班主任找去當助教，」廖書尉說，當時班主任以不收補習費用做為交換，請他在術科方面幫忙指導同學，最後他更是同學中少數同時考取水、電雙執照的學生。

發現服務也是賺錢的方式

高職畢業後，廖書尉考取士林電機公司，但入職後不久便發現，若只有高職學歷，頂多僅能升任課長，很難更進一步。看見未來可能的職場天花板，幾個月後，他就辭掉工作，決定補習以繼續升學，最後考取了私校中工科排名不錯的亞東工專電機工程科。

自知要學硬功夫，在亞東工專求學的兩年期間，廖書尉格外認真，甚至自豪地說：「『輸配電學』是最多人蹺課的一門課，但我是全勤，每堂課必到，還提供課堂筆記給同學複印參考。」

更重要的是，這段過程讓他發現，無形的服務也是一種賺錢的方式。

廖書尉記憶猶新地說到，某年中秋節，同學有許多是中部人，大家必須搭大眾運輸工具返鄉過節，但多數搶不到火車票，只能搭公路局（國光客運前身）或所謂的「野雞車」（非法營運車輛），但車票也都售罄。

身為急切返鄉的一份子，廖書尉開始思考如何解決問題。靈機一動，他主動跟公路局接洽包一台專車，從板橋直接開回台中。整個過程，他並沒有多收同學的錢，只是替自己賺到一張免費車票，卻同時解決了大家的問題，創造了雙贏。

克服木訥，挑戰業務工作

廖書尉從小幫同學跑腿賺外快、到廟會賣涼席，工專時期更是幫同學爭取到返鄉專車，理應口才不錯，但他自認個性木訥。為了克服內向害

廖書尉的市場敏銳度高，創業初期，就帶領公司投入當時前景看好的冷陰極燈管領域。

羞的性格，希望能在他人面前侃侃而談，他在一九八九年五月退伍後，大膽選擇「業務」，做為正式踏入社會的第一份工作。

「你會打牌、抽菸、喝酒嗎？」當時面試的主管直接問廖書尉，他連忙搖頭。當年在外跑業務，為了與客戶「盤撋」（台灣閩南語，意指打交道、套交情），打牌、抽菸、喝酒是三項必備技能，廖書尉卻一樣都不會。不過，他並未因此放棄機會，「我一直跟對方要求，希望他可以給年輕人一個機會。」

或許是被這股執著打動，那位主管決定讓廖書尉姑且一試。

「一開始，我參與業務開會時，光是聽同事講話，心臟都會緊張得撲通、撲通跳，」廖書尉比劃著與同事的距離，約莫一張桌子的寬度，不算太遠，卻也並不太近，但已經足以令害怕與人近距離接觸的他心跳加速。好在，經過幾次磨練，與人互動漸漸不再緊張。

但，還有下一個難關等著他——開發客戶。

起初的半年，廖書尉翻報紙看徵人廣告，用土法煉鋼的方式找客戶，結果所獲不多；半年後，幾位資深同事離職，他有機會承接同事留下的客戶，但同事卻告知他：某客戶舊機種合約走完後，新機種的連接器單子不會下給他，不必花時間跑這個客戶。所幸，他秉持不放棄的精神，面對讓他碰釘子的客戶，還是堅持一星期拜訪三、四趟，終於打動對方的採購主管，決定給他一個機會。

花了幾個月，廖書尉拿到新訂單；第二年，他更拿下年度業績總額新台幣一億元的佳績，成為全公司業績第一名的業務。「你如果沒有骨力（台灣閩南語，意指勤勞）跑是不會有機會的，」他總結從菜鳥業務員到成為頂尖業務員的心法，唯有「勤勞」二字。

土狗精神，勇闖光電業

一九九一年，國內正值經濟起飛時期，廖書尉沒有忘記創業的念頭，在他二十七歲那年年底，創立了亞帝歐實業。

俗話說：「做生不如做熟。」創業的第一步，廖書尉選擇做與前東家一樣的業務，也就是連接器買賣。不過，幾年後，他聽取了一位大客戶的需求和建議，再加上自己平日的觀察，認為消費市場已然轉變，決定跨入光電產業，轉做CCFL的特殊線材及配件——這是掃描器及液晶面板會使用到的零件，後來再做CCFL的代工與組裝，亞帝歐也因此賺到第一桶金。

「我買第一間廠房的時候，還向阿公借了一百萬元做為頭期款，」

廖書尉回想自己的創業歷程，形容：「就像是『台灣土狗』。」

台灣土狗型的企業，指的是發跡於鄉間、白手起家，卻具有硬頸求勝的精神。這也是早年許多國內中小企業的常態，一個人單打獨鬥，從第一階開始慢慢往上爬。不過，一路走來，除了土狗精神，廖書尉的市場敏銳度也相當獨到。

一九九七年，他切入當時仍剛興起的薄膜電晶體液晶顯示器（TFT-LCD）產業，與國內背光模組廠分工，由亞帝歐負責冷陰極燈管模組組裝；兩年後，TFT-LCD產業蓬勃發展，他進一步與客戶建立垂直整合製造體系；二〇〇一年，西進風潮興起，他隨客戶前往中國大陸蓋廠，帶動公司營收快速成長。

隨著事業版圖大，二〇〇四年，廖書尉將公司正式更名為亞帝歐光電，年營收來到四四．三億元，他也在同年獲得青年創業總會「創業楷模獎」的肯定；隔年，公司年營收幾近倍增，達到八〇．三億元，創下歷史新高；到了二〇〇七年，亞帝歐正式上櫃，成為國內面板廠與背光板廠信賴的企業。

亞帝歐創立三十多年來，雖然並非直接銷售終端產品，但所走的每一步，都恰恰滿足了消費市場需求，推動公司營業額從數億元成長因為在企業經營和公益方面的貢獻，廖書尉（左）獲得青年創業總會頒發「創業楷模獎」。

至數十億元，全盛時期更締造年營收八〇億元的成績，包括中國大陸在內設有超過五個廠房，兩岸員工近七千人。

然而，要挑戰百億元時，廖書尉面臨許多挑戰，除了之後的大環境經濟衰退，最重要的影響還是產業轉型。像是背光板材料的進步，電視燈管從二十支縮減到十二支，出貨數量遞減；再加上LED崛起，燈管需求量下降至零，完全被LED取代，亞帝歐不僅無法往百億元營收邁進，業績更是自二〇〇七年開始逐年下滑，甚至有幾年呈現虧損狀態。

面對現實挑戰，他一方面選擇關閉部分工廠、整併公司組織單位來減輕負擔；另一方面，則是將設備廠房攤提或提列報廢，漸漸減少虧損。挑戰百億元營收未果，年營業額最低滑落至不到七億元，公司主力產品面臨被全部取代的危機……，肩上壓力應該是千斤萬石？回應這個問題，廖書尉只是平靜地說：「不要去想就好了，面對問題就是一一務實解決。」

不能彎道超車，就要及時停損

在企業發展過程中，領導者除了要帶領公司向前衝，也需要知道

何時該停下腳步。

在為公司業務開發其他新出路時，亞帝歐曾切入新一代手機所需的鏡頭，成功開發出兩片式超薄塑膠鏡頭。不過，經過四年發展，發現自家的技術雖然好，卻無法超越既有業者，廖書尉決定設下停損。

「技術如果無法『彎道超車』，就沒有勝出的機會，」他直言，如果別人已經做到一百萬畫素，公司就要做出超過一百五十萬畫素的產品，否則就要停損，以免虧損持續擴大。

傳統的白熾電燈發明迄今已超過百年歷史，但隨著材料發展進步，省電燈泡、LED燈逐漸取代傳統燈泡，照明產業變化之快，也不過是短短十幾年的光景。

亞帝歐因應市場需求而轉型，目前主要從事LED照明及筆記型電腦連接線業務，在LED燈具產品研發上，專注於光學、散熱、電源及機構造型設計，擁有大量生產崁燈、投射燈、T-BAR輕鋼架燈、球泡燈、燈管、平板燈、筒燈的能力，並擁有「ADO」與「BAL」（柏堤克）兩大照明品牌。

「燈光是不會消失的，但趨勢是必須研發製造出低耗電、高亮度的零組件，」廖書尉談到未來發展方向時指出，轉投資的子公司在二〇二一年設廠生產液晶面板所需的光學膜，可以增加五〇%亮度；此外，因應節能潮流，亞帝歐也投資了太陽能電廠，位於中國大陸的工廠預計在二〇二三年下半年蓋上太陽能板。

在廖書尉堅持下，亞帝歐挺過產業轉型與金融風暴。他曾感受過業績大好時的門庭若市，也嘗過業績雪崩式下滑的滋味，領悟到：「當一帆風順時，難免覺得意氣風發，自己任何決定都是對的，其實不過是『時勢造英雄』罷了。」

有了這番沉澱，在公司虧損的那幾年，他懷抱「莫忘初心，持續堅持」的精神，即有如台灣牛終其一生勤奮耕田，這將成為企業永續經營的關鍵。

「初心是什麼？其實就是希望公司能夠獲利，」廖書尉說，他堅持到底的原動力之一，「不只是為了追求成就感，而是因為我們是公開發行的公司，對員工、投資人、社會都有責任。公司有多少位員工，背後就有多少個家庭，我們當然必須設法讓公司能夠繼續營運成長。」

不怕多做事，才能累積經驗

不到三十歲創業，如今年近六旬的廖書尉已當上阿公，數十年光

由廖書尉創立的亞帝歐經營超過三十年，挺過金融海嘯、遭逢新冠肺炎疫情，仍然能創造獲利。

陰流轉，不僅產業移轉，世代之間也有相當程度的變化。

他回想孩提時代：「在鄉間，大家多數窮困，大人外出工作、小孩子幫忙家務是很普通的事，甚至也不會覺得自己特別窮，只要有空時去挖農人採收後不要的地瓜來炕窯，就心滿意足。」

對照現在青少年成長於富足環境，加上少子化，許多父母疼惜子女，捨不得讓小孩做家事，他曾開玩笑地說：「這是自廢武功啊！」因為，「如果平時沒有培養自己動手幫忙的習慣，在職場上也往往會顯得比較被動、缺乏競爭力。」

綜觀整個成長歷程，廖書尉一直很清楚自己的目標是要習得一技之長，才能掌握立身的根本，因此選擇技職體系就讀，「台灣五十幾歲到七十多歲的中小企業主以技職體系出身居多，多半也是這個原因。」但他也強調，時代不同，每個人的條件也不同，應該先了解自己的個性和條件，選擇適合自己的路。

最重要的是，企業或個人的成長發展，「應該要有所累積，像是在爬樓梯，一階接著一階往上爬，」這是廖書尉一路走來的堅持，也以此鼓勵年輕人，無論是創業或當上班族，「保持積極的態度，多做事情不會吃虧。」

走過起落，看見自己的責任

一位來自鄉間的年輕人，以台灣土狗精神創業，在事業大好之際，廖書尉曾經獲得「台灣傑出企業經理人」與青年創業總會頒發的「創業楷模獎」的桂冠加冕；在面臨逆境時，他則以台灣牛的堅毅精神，讓公司在轉型危機中屹立不搖。

根據經濟部中小企業處統計，台灣中小企業平均存活壽命僅十三年，而廖書尉一手創立的亞帝歐已超過三十年，挺過金融海嘯，就算遭逢世紀大疫情，仍能在近兩年創造獲利。

是什麼支撐起廖書尉這樣努力，他說：「我的座右銘是『吃果子拜樹頭』，公司成長是自己、親友、員工多方面付出的結果，我希望大家能夠共好共樂。」

文／林惠君・攝影／賴永祥・圖片提供／廖書尉

Jack Wolfskin

樂在實踐

聚紡創辦人

蔡秋雄

用熱情與專業，帶動產業升級

他用一輩子，專注投入有興趣的事。
蔡秋雄在技職體系中發現興趣、習得專業技能，
農村囝仔從此翻轉生涯，
在紡織世界編織美麗夢想。

十八歲那年，蔡秋雄離開故鄉雲林，隻身到人生地不熟的台北念書，從一個連國語都講不好的農村小孩，到在紡織世界中找到興趣與職涯方向，甚至進一步創辦「聚紡」，一手推動公司上櫃。

創設於一九九九年的聚紡，主力產品是各種防水、透濕、透氣、保暖、抗紫外線（UV）的機能布料，同時是耐吉、愛迪達、The North Face等國際品牌的重要供應商；而在新冠肺炎疫情期間，更擔任「紡織國家隊」，提供可重複水洗的隔離衣及防護衣給政府單位和醫療院所使用，堪稱是傳統產業轉型、以技術與智慧提升產品價值的典範之一。

掌握專業才能創造改變

蔡秋雄的父母務農，靠勞力換取生活溫飽，日子艱苦不在話下，「從小，我就希望自己能幫忙改善家中環境。」

隨著年齡增長，他進一步體悟到，如果只是維持既有模式，改變不會發生，「唯有培養專業技能、提升價值，才有機會走出自己的一條路。」

憑藉這股信念，蔡秋雄奮力考上嘉義高級工業職業學校（簡稱嘉工）化工科。

而在嘉工期間，因為他的學業成績相當優異，加上總能夠在化學實驗中找到樂趣，於是決心繼續升學，並且為自己設定目標——要拚保送甄試上台北工業專科學校（簡稱台北工專。現為台北科技大學）化學工程科。可惜，因為競爭激烈，蔡秋雄未能如願，轉而報考專科聯招。

一九八六年，蔡秋雄考取亞東工專紡織工程科染整組，「當年亞東工專只有二專部，卻是二專學制中頂尖的學校。」

然而，從雲林到台北，少年十五二十時的他，經歷了一段不短的適應期。

主動出擊，努力適應都市生活

從小在雲林鄉下長大，蔡秋雄北上求學時，不僅有語言隔閡，興趣嗜好也與在城市長大、喜歡唱ＫＴＶ的同學大不相同。

不過，他沒有因此沮喪，反倒努力找出適合自己的辦法。

為了練習國語，蔡秋雄主動設法增加跟別人聊天互動的機會，其

中對他最受用的方式，就是定期參加台北市野鳥學會的活動。

「每週日早上七點，我都會準時到台北車站前的新光摩天大樓報到，跟台北市野鳥學會的老師及夥伴一起搭公車去近郊賞鳥，」蔡秋雄說，那段過程，讓他不僅可以接近自己熟悉的大自然，也讓他從中找到台北與故鄉之間的連結，更因為遇到一群志同道合的朋友，逐漸融入城市的生活方式與節奏，也漸漸融入在亞東工專的生活。

「學校不大，老師與學生的互動關係十分密切，學生受到的訓練也很扎實，」蔡秋雄說，更重要的是，他深受「誠、勤、樸、慎」的校訓精神啟發，後來還將這樣的文化植入到自己的經營管理模式中，譬如，「工業人要按部就班，講究誠信才會踏實研發」，或是「如果品質出現異常，一定是中間有人沒誠實，否則走同樣的路絕不可能回不了家」，都是他經常提醒員工的話。

除了課堂教學，蔡秋雄也在體育課程中獲得啟發。

當年，亞東工專規定所有學生每學期都要跑完三千公尺，從小就有「瘦皮猴」綽號的他總是力不從心，但他還是拚盡全力達成目標，因為他相信，「這樣的規定是希望大家把體力跟耐力練好，對工業人才很重要。」

蔡秋雄（右二）從學生時代起就喜歡賞鳥及關心大自然，現在更擔任台灣野鳥保育協會核心幹部，為維持地球永續和產業經濟平衡貢獻心力。

在實習中找到熱愛的工作

對技職體系學生來說，校外實習往往是相當重要的一環，甚至影響到未來的人生規劃。在蔡秋雄身上，也不例外。

七、八月的酷暑時分，他跟同學在桃園龜山的棉牛仔褲工廠學習染整。廠房又熱又濕，且牛仔布容易打結，要解開時很耗體力，結果多數同學都撐不下去，只有他做完一個月。

刻苦生活收穫的，不僅是順利完成工作，也幫助蔡秋雄找到人生的方向。

校外實習的第一天，他就被要求上晚班。有些人可能會因此心生反感，但是他非但不排斥，反倒從染整過程中，發現那正是他想要做的工作。

「我看見布料從白色變成黃色、再變成紅色，覺得這種化學反應的變化很有趣，尤其這種變化是經過調整控制就會產生相應的結果，」蔡秋雄回憶，他在實習階段發現自己的興趣，也從中體會到做實驗帶來的樂趣，決心持續鑽研千變萬化的紡織世界。

亞東工專畢業前，蔡秋雄遇到老天給他的一次好機會。

過去，二專畢業後要報考二年制科技校院（二技），必須先當完兵且有兩年工作經驗，但他畢業那年，教育部首度開放應屆畢業生可以報考，他為了延後當兵、繼續進修，決定報考二技，「我跟同學明白通告『請勿打擾』，然後就閉關苦讀三個月，順利考進台灣工業技術學院（台灣科技大學前身，簡稱台科大）。」

熱心研究、解難，扎下創業根基

在台灣工業技術學院求學期間，蔡秋雄就讀纖維高分子系（後更名為材料科學與工程系），首次接觸到聚氨酯（PU），開啟了他在紡織高分子領域的視野；畢業後，透過學長鄭琨琳的引薦，加入紡織產業綜合研究所（簡稱紡綜所）。

這個機會，為他日後自行創業播下了種子。

紡織成衣業曾是貢獻台灣外匯存底最重要的產業之一，但在一九八〇年代以後，隨著產業外移至東南亞及中國大陸，逐漸成為眾人眼中的夕陽工業，而紡綜所的重要任務之一，就是提供技術轉移、協助產業轉型。也正是那段期間，蔡秋雄在紡綜所負責研發，經常接觸中小企業，許多老闆遇到技術瓶頸時，都會向他請教，而個性熱

聚紡致力於機能性布料研發，更在疫情期間推出醫療級防護衣，受到當地政府的肯定。圖為時任桃園市市長鄭文燦（右一）和蔡秋雄（右二）。

心、喜歡實驗研究的他，總是想盡辦法協助，不僅累積許多解決問題的能力，也因此結交不少業界好友。

「我在北部沒有什麼親朋好友，工作之外唯一的興趣就是賞鳥，因此可以花很多時間做研發，」蔡秋雄笑說，他在紡綜所任職期間，每逢週日，同事都會相約到土城的承天禪寺爬山，他則是一大早六點就先到實驗室，設置八至十個不同的實驗條件，等到八點再去集合爬山，下山後正好可以蒐集實驗數據。

因為實驗成果豐碩、總能快速協助企業解決問題，他深獲時任紡綜所經理吳中夫的賞識，在職六年曾連續三年考績拿到A+——這是排名前百分之一的員工才能擁有的分數。

工作上的好成績，沒有讓蔡秋雄變得自滿，反倒在他心裡隱隱形成一種更深層的信念：實驗成果不應束之高閣。這個想法，獲得吳中夫認同，創業的念頭油然而生。

積極推動台灣紡織業升級

一九九〇年代末期，業界主流仍是流行性紡織，很少人關注機能性紡織產品，而蔡秋雄在紡綜所開發出的「透濕防水濕式微多孔塗布加工技術」，其實是一種類似GORE-TEX材質的防水透氣濕式紡織，他希望將這些技術從實驗室推向商用量產，帶動台灣紡織業升級。

為了達成目標，蔡秋雄不斷利用研討會推廣這項開發成果，並積極尋求業界支持。很快，他便憑著自己的專業背景、研發經驗與企圖心獲得認同，與興采集團董事長陳國欽、後來擔任聚紡副總經理的連敏明，三人分別投資六百萬元，合資成立聚紡公司，攜手為台灣的機能性紡織產品打開一條新路。

一九九九年，台灣第一家量產防水透濕布料的公司誕生，當時蔡秋雄才三十二歲。

由於掌握機能紡織的特殊技術，聚紡成功打入國際市場，為多家國際知名品牌代工，後來也跨足到成衣產業，推出自有品牌，並設立成衣觀光工廠；規模更一路成長，從僅有四位員工增加到三百多人，生產線擴充為十數條，更於二〇〇九年掛牌上櫃。

做自己喜歡的事，沒什麼好抱怨

然而，創業過程並非如外界所見的那麼順遂。

創業第一年，聚紡就遇到全台大缺電。當時，在分區供電的情況下，聚紡工廠為了趕貨，即使缺乏完善照明、通風不良，仍得持續生產，甚至因此導致三個員工住院。

偏偏，客戶心急如焚，不斷催貨。

為了解決問題，蔡秋雄親自出馬協商。他沒有推諉，只是誠實地對客戶說：「我已經三天沒睡了，一直在盡力解決問題……」說起當年情景，他忍不住苦笑，所幸後來工廠緊急採購到柴油發電機，解決缺電危機，實現了對客戶的承諾。

諸如此類的突發危機，難免令人焦慮。

有次遇到工作上的困難，蔡秋雄回家跟妻子分享的時候，妻子卻告訴他：「是你自己選擇放棄準時上下班的金飯碗、跑去創業，放棄在家附近的工作、每天從土城大老遠跑去桃園上班，這些都是你自己的選擇！」

妻子的一番話，讓蔡秋雄頓悟：「這是自己的選擇，是自己喜歡的事情，那還有什麼好抱怨的？」後來，在事業上遇到大大小小的崎嶇顛簸，他也都會抱持正面樂觀、積極負責的態度去面對，很多事情往往就能迎刃而解。

尤其，在他回憶起童年時期父母的耳提面命：「要對自己負責任，凡事都要對得起自己及別人。」

正因為如此，蔡秋雄總是將「責任」這件事看得很重，不僅自己身體力行，每當員工遇到問題，詢問他應該如何處理時，他除了分享自己的見解之外，也不忘記提醒：「你可以找信賴的人一起討論，但別人沒法幫你做決定，凡事都要自己負責。」

享受把興趣變工作的樂趣

憑藉著自己的努力不懈，蔡秋雄從一個鄉下

「將興趣變成工作是一種福氣，」蔡秋雄因喜歡做實驗而投入紡織業，從中找到成就感，因此他鼓勵年輕人多觀察和學習，挖掘興趣。

小孩變成上櫃公司老闆，他最大的心得就是：年輕人要盡早發現自己的興趣。

「我念嘉工的時候，就喜歡做化學實驗，化學週期表倒背如流；後來在求學、實習與工作階段，又發現自己很享受從實驗試錯中找到影響結果的關鍵旋鈕，甚至逐漸累積成自己的專業，也因此決定深耕紡織產業。對我來說，這段歷程很有成就感，」蔡秋雄以自己的親身經歷，說明發掘興趣、實現自我的重要。正因如此，他建議，技職體系的學生在年輕時就必須多觀察和學習。

有些人會把工作當作只是賺錢謀生的方法，但蔡秋雄認為：「如果能將興趣變成工作，其實是一種福氣。」他舉例，就像很多NBA球員，一開始只是喜歡打籃球，後來才發現，原來打球可以變成工作、能夠賺錢，一輩子投入其中也不怕辛苦，因為，「只要是自己有興趣的事，遇到挫折時就會不好意思抱怨。」

曾經接受服務，如今就該服務他人

從就讀亞東工專到創業，蔡秋雄自承一路上遇到很多貴人，包括：亞東科大校長黃茂全、吳中夫、鄭琨琳等人，對他的人格、專業知識與工作態度、抗壓能力的養成，都有極大影響，也讓他一直感念在心，進而抱持回饋社會的念頭。

「過去一直被別人服務，現在有機會也要來服務別人，」蔡秋雄表示，在擔任亞東校友會理事長期間，扮演業界與學校之間的橋梁，就是基於這樣的心態；現在，擔任台灣野鳥保育協會副理事長及桃園市觀音工業區廠商協進會理事長，也是基於同樣的想法。

為了騰出更多時間在公益志業上，二〇一九年時，蔡秋雄辭去聚紡總經理一職，但仍在紡織界擔任顧問，提供ＰＵ合成技術的經驗傳承，另外則將三分之一的時間投注在公益團體及社團法人，希望能為地球永續與產業服務貢獻更多心力。

「過去公司曾面臨空汙爭議，與公部門長期交手，深覺公司單打獨鬥很辛苦，」蔡秋雄坦言，根留台灣的廠商，難免面臨空氣、水等各種事業廢棄物及勞工問題，觀音工業區廠商協進會就是希望扮演廠商跟主管機關良性溝通的平台，同時為廠商發聲。

在人生路上保持熱情

除此之外，熱愛大自然的他，從在亞東工專求學時就擔任台北市野鳥學會志工，現在更進一步，擔任台灣野鳥保育協會核心幹部，也承擔更多責任，投入野鳥保育工作，例如：推動租用荒廢農用土地以生態方式契作，藉以增加黑面琵鷺的棲息地。

他強調：「經濟開發與生態環境之間不是零和遊戲，我們可以在兩個極端之間，找到折衷的可行方式，讓經濟力與生態力之間取得更好平衡。」出身產業界，但因為多元的社會參與，蔡秋雄總能用不同視角來思考問題，也能在退休後快速開啟第二人生，找到持續燃燒的熱情。

文／沈勤譽．攝影／黃鼎翔．圖片提供／蔡秋雄

堅守信念

紳宇實業總經理

林白庸

勇敢追夢，再苦也要做下去

從零開始，到手握四百多件專利。
從免洗毛巾到抽取式面膜，從日常清潔到化妝用品，
紳宇實業讓不織布的應用多元，融入日常生活。
儘管過程艱苦，但因為是自己的夢，再累也要努力實現。

紳宇實業從眾人眼中的夕陽產業起步，一路挑戰各種新產品，如今已經獲得四百件以上的專利。

衝擊

全球三年的新冠肺炎，改變了每個人的生活模式，也改變了大家的衛生習慣。疫情期間，紳宇實業除了滿足國內酒精抗菌濕紙巾及酒精抗菌噴霧的大量需求外，同時也供應醫療口罩。隨著疫情逐漸過去，總算可以鬆一口氣，回歸近年發展核心——MIT化妝品GMP生產與研發。

走在紳宇實業位於桃園、耗資五億元的三千坪國際級化妝品GMP廠生產基地，創辦人林白庸臉上難掩自信與喜悅，熱情地向大家導覽。出身困頓，沒有顯赫學歷的他，亞東工專畢業三年就勇敢創業，拚出這片天地，並在越南設廠。

「選擇不織布領域，技術研發與策略思維背後都有亞東體系的助力，」林白庸說，畢業多年，他一直與老師、同學保持密切聯繫，以前班上聚會常邀請他們到家裡聚餐，他總是親自下廚，因為「人生真的很短暫，很多事情，世事難料……」

聊起同學畢業後的境遇，他忍不住感嘆，有的年紀輕輕就因病過世，有的遭遇重大家庭變故，也有人事業失敗背了一身債……，不過，「人生的成就不在於事業大小，而是這一輩子走過來，是不是真的造就什麼、留下什麼。」

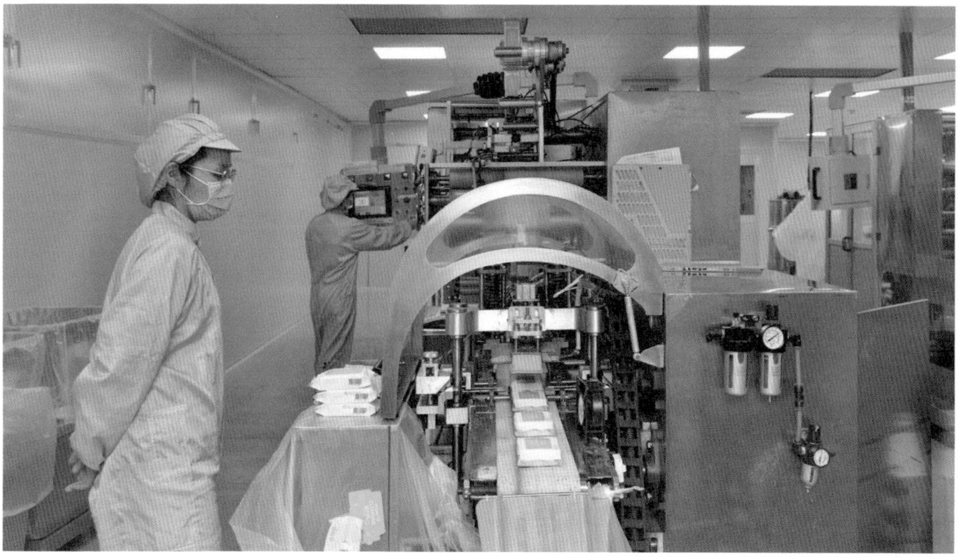

其實，林白庸的人生也頗富轉折。

他熱愛畫畫，只是考量家境，早早斷了繼續發展的念頭；他熱愛羽球運動，經常於校內外比賽奪牌，在陸軍總部當兵時更一度想進入陸光隊當羽球選手，不料卻被調到大廚房做饅頭，退伍後還當了小館子的廚師；成為老闆，背負眾多員工生計之後，他提筆寫作，想把爸媽勤勞儉約、堅忍不拔的家風整理成書，留給兒孫日後讀讀、想想……

從工廠領班到創業當老闆

林白庸從亞東工專紡織工程科夜間部畢業後，當時的科主任、現在的材纖系副教授潘毅鈞推薦他到外商公司現場當領班，後來外商撤廠，時任公司總經理的龔展暉（原台北工業專科學校紡織工程科主任）惜才，希望他能留任，只是必須轉換跑道，到台北公司跑縫線業務。不料，轉

林白庸（中）從流動攤販起家，現在已經是橫跨台灣、越南的國際公司。圖為紳宇實業準備興建越南工廠的動土儀式。

任業務期間，客戶倒帳約三萬元，林白庸只好拿回兩小捲客戶進口的不織布樣品抵貨款。這是他第一次接觸到水針不織布材料，然而他也不曾想到，竟然因此成為日後創業的契機。

「我回去研究後發現，它的品質、觸感都不錯，只是不太耐磨且會掉棉絮，不適合重複使用，但價格較傳統毛巾低廉，很適合做一次性的毛巾、浴巾或運動毛巾，」林白庸說，「跑業務的時候經常出差，但差旅費只夠住賓館、旅社。那些地方的毛巾，很多人怕髒、不敢用，尤其是女生，一定會自己帶毛巾。我就在想，如果用水針不織布來做免洗毛巾、浴巾，使用後可直接丟掉，一定符合市場需求。」

一九九二年四月一日，林白庸在業績高點時遞出辭呈，「總經理以為是愚人節的玩笑，把辭職信丟進煙灰缸燒了，」他再三表明去意已堅，並花了兩個月把另一個也是亞東工專畢業的學弟帶起來，才在同年五月底離開公司。

「坦白說，跑業務那麼拚，也做出了業績，要離開真是有點捨不得，但我心裡有一股勁想要往外衝、想要出去闖一闖，所以儘管總經理一直留我，還是不曾改變決定，」林白庸記得他一離職，六月十八日就成立了紳宇實業籌備處，距離他一九八九年從亞東工專畢業僅僅三年。而這年，林白庸才二十九歲。

毅然投身夕陽產業

一九九二年創立的紳宇實業，是從不織布起家，但其實當時不織布已經是眾人眼中的夕陽工業，因為高人力密集，加上過程中可能的空氣汙染，而且台灣沒有自產水針不織布原料的工廠，主要是向美國大廠杜邦進口，成本不低。林白庸直言：「我從來沒接觸過不織布行業，在學校也沒有修過不織布的課，所幸有潘老師，在創業初期傳授我不織布的專業，且一路支持我並提供人脈，可說是我這輩子最重要的貴人。」

林白庸決定創業時，潘毅鈞介紹時任台灣不織布工業同業公會總幹事林永浩給林白庸認識。看見林白庸拿出來的水針不織布材料，林永浩直接問他準備投入多少資金，他回答：「初期新台幣兩百五十萬元，後期可能到五百萬元吧。」但其實在當下，他心裡想的是自己身上只有三十萬元現金存款。

「不可能，這不是你能夠做的！」林永浩聽完後直接搖搖頭說，一條水針不織布生產設備大概就要三億五千萬元，還不包括廠房及周

邊設備。

專業人士做出這樣的評估，沒有澆熄林白庸一腔熱血，他決定堅持理想，去開發水針不織布材料的各種應用。終於，他賣出全台灣第一條不織布免洗毛巾，而且品牌名稱很可愛，叫做「小貝殼」。

思考轉型之路

林白庸從免洗毛巾入門，但很快就發現這個產品單價太低、門檻太低，不是經營長久之計。他開始構思其他產品：乾濕兩用紗布毛巾、水針布隨身包濕紙巾、嬰兒濕紙巾……

「一開始真的很辛苦。我開貨車載滿滿的貨出去，跑渡假村、旅館到處推銷，沒有賣完就不回來，甚至有時候晚上就直接睡車裡。那時候我一個月只領兩萬元，只有我跟三姊兩個人；本來公司有個股東，但很快就退出，因為不賺錢。」

林白庸（右二）相當感念貴人的幫助：求學時關照他的海山高工機械科主任許清標（左二）、引薦他到外商上班的亞東科大副教授潘毅鈞（右一），以及與他同甘共苦的紳宇實業平鎮化妝品廠廠長黃必昂（左一）。

事實上，林白庸打算創業時，家裡很反對。父親認為，林白庸出社會才沒幾年，在外商公司跑業務做得好好的，何必冒險？「還好有我三姊幫忙，她原本在證券公司上班，把兩百多萬元存款都投入股市，結果全部歸零！剩下底薪一萬五千元，乾脆辭職來幫我。」林白庸說的，是當時財政部推出的證券交易所得稅政策，讓台股由萬點崩跌到兩、三千點。

有了三姊林惠淨相挺，爸爸也拿出僅有的積蓄八十萬元借他、媽媽把名下的小公寓拿去貸款，再找當時公司的房東入股，加上標會、向親朋好友借錢，總算籌足二百五十萬元的開業基金。

「創業頭三年，公司都在虧損，每年賠一百五十萬元，股本都快賠光了，」林白庸記得，當時親族長輩分頭來勸他：「不行就收手吧，老人家棺材本都拿給你了。」然而，他沒有放棄，直到遇到願意放貸的銀行界貴人，取得三千萬元貸款，終於有了成長契機，開始購買第一條濕紙巾的生產線。

隨時創新，掌握四百件專利

林白庸喜歡研發產品，常會利用假日，一個人在公司想點子、動手做樣品，這個習慣至今仍未改變。

如今，紳宇實業旗下有四個品牌：無塵的家、拭拭樂、無塵氏、寶兒樂，三十年來開發的產品種類繁多，從毛巾、嬰兒濕紙巾、家用抹布、空氣濾網、除塵紙與紙拖把、濕式除塵布、靜電除塵手套、靜電除塵撢、濕式衛生紙、看護墊、口罩等各種不織布應用，到捲筒菜瓜布、掃地機器人、防蚊液、酒精擦、榻榻米，以及現正重點發展的化妝品、面膜。

很多產品不只是在台灣熱銷，他也和學國貿的妻子楊雅菁一起到海外參展，成功打入日本、歐美市場。「我們隨時都在改變，隨時在創新，」林白庸自豪地說：「不但要創新，而且要把研發專利轉為商品並能自動化。」截至二〇二二年，紳宇實業獲得的專利認證就超過四百件。

出人意料的是，專利在手不僅讓林白庸掌握技術實力、更有企業永續發展的底蘊，甚至，「如果沒有這些專利支撐，我可能早就被日本大型企業的專利訴訟擊潰。」

外銷生意做大後，一家大型日本企業委託台灣非常知名的律師事務所，對紳宇實業提出專利訴訟和商標訴訟，官司一路從智慧財產局、訴願審議委員會、高等法院打到最高法院，前前後後拖了十餘年，訴訟費用超過兩千萬元。

「如果是一般中小企業，早就被拖垮了，」林白庸不願放棄，只能花時間跟對手耗，一邊生產商品外銷賺錢、一邊花錢打專利的訴訟，以時間換取空間。後來，他找到一家專業的專利事務所，「他們看過我的產品及專利，決定幫我打這場硬仗，從原本被認定快輸掉的訴訟，經過長期的抗辯，最後終於勝訴。」

沒有退路，只能奮力向前

採訪這天，負責越南工廠的林家三姊惠淨透過越洋的視訊參與經驗分享。聽到弟弟感謝她當年跳下來一起創業，笑著說：「我才要謝謝林先生呢！起初兩、三年，公司支出比營業總額多，虧損超過半個資本，如果沒有他強烈的意志和毅力，可能早就走不下去了。」她很佩服林白庸的毅力與決心，也對他刮目相看。

林惠淨回憶創業初期，對紡織一竅不通的她，只能盡力做好後勤工作，管帳、跑三點半、收送加工品和採檢樣品……，不會開車的她還硬著頭皮去考駕照，甚至還不太會倒車就開車去收送包裝的代工，

「老闆大吃一驚，說：『你連倒車都不會，還敢開車上路！』我說：『我只要往前開出去、別倒車，就行了啊！』」

姊弟倆經營事業好像也是這樣，沒有退路，只能奮力向前。

從流動攤販、開貨車四處推銷，到今天在台灣有三千坪廠房、越南有六千坪廠房，林白庸和林惠淨都覺得感恩，也不約而同歸功於父母：「因為爸媽長年與人為善，對長輩、對親戚、對周遭的人都是孝悌忠厚、能幫就幫，積善之家必有餘慶，才讓紳宇關關難過關關過，總有貴人適時出現，幫助我們化險為夷。」

心疼父母，希望改變生活

「我身上沒有『怕』這個字，反正我什麼都沒有，有什麼好怕的？」林白庸瞪大眼睛直率地說：「我真正怕的是要捧我爸爸那個豆花桶，那個才是太累了。」

林白庸出身雲林斗南，十歲那年，父母親帶著向叔公借來的兩百元，拖著四個孩子北上，在圓山一帶賣麵、賣豆花，因為食指浩繁，幾乎全年無休。孩子們當然也要幫忙，放學後書包一丟，就到市場去賣豆花，還要「跑警察」，一旦被開單罰錢，好幾天的生意都白做了。

林白庸（右圖及左圖第一排左一）的求學生涯相當充實，在學業之外，他熱愛羽球運動，經常於比賽奪牌。

傳統豆花生意不好做，需要留意的「眉角」很多。若製作過程的時間、溫度控制不好，豆漿就沒有辦法凝結成豆花；有時材料比例差了一點，做出來的豆花口感就不嫩、偏硬。

時隔數十年，那套豆花製作SOP，林白庸還記得清清楚楚。

「我們大概清晨三點就要起床，爸媽負責磨黃豆、煮豆漿，我和三姊負責生火。以前沒有瓦斯桶，要用焦炭、木條，搭配鼓風爐起火；如果遇到下雨天，木頭很潮濕，火苗起不著。因為我爸等著火爐煮豆漿，急起來會罵、會巴我頭。我怕被罵，就會緊張，愈緊張就愈起不著火。」此外，每天他放學回家，都要用洗衣板磨花生仁去皮、磨石膏粉、煮蜜糖水。

賣豆花的日子，林白庸過怕了；再加上，雖然做小吃的生意養活一家人，但爸媽一直做到年紀很大都沒退休，他看在眼裡心疼不已，也不想繼承，因為，「對我來說，那看不見未來。」

看不慣的事絕不同流合汙

國中畢業後，林白庸就讀海山高級工業職業學校（簡稱海山高工。現為新北高級工業職業學校，簡稱新北高工）機械科，每天騎自行車上學，從圓山往返土城，單程就要一個多小時。當年路況不好，上坡、崎嶇不平的路段很多，騎自行車其實很辛苦，也省不了多少錢，但他還是這樣堅持了三年。

「我不是想省錢，而是為了『道不同，不相為謀』，」林白庸說。

起初，林白庸也是搭火車通勤，但有同學老愛在火車上抽菸、調戲女生，還吆喝同學們加入，林白庸不想和他們一起胡鬧，乾脆改騎自行車，清晨五點半就出門，下雨天也照騎不誤。三年下來，鍛鍊出堅持不屈的意志，也強健了體魄。

但，不累嗎？

「剛開始真的很累，第一天騎到學校時，兩腳還直發抖，後來養成習慣就好了，」林白庸認為，自己的意志力就是在成長過程中逐漸培養出來，「所以創業頭三年虧損，別人叫我放棄，怎麼可能那麼容易就說動我呢？」

看不慣的事絕不同流合汙，這份堅持一直在他的血液裡。

當兵退伍後，林白庸一度到小館子當廚師，因為不想在下班後跟大廚一起泡酒店、捧酒女，直白地對大廚說：「我是來學功夫的，不是要跟你搞那些五四三的！」結果卻遭大廚當眾惡整，譬如經常故意嫌配菜佐料太少、沒配好，或是故意將盤子及多餘的配菜、佐料丟到地上，然後又嫌地上髒，指責林白庸沒打掃……

為了習得一技之長以改善家計，這些不合理的對待，林白庸全部咬牙忍下，但終非長久之計。後來海山高工同學陳宏力鼓勵他再繼續念書，他才報考亞東工專夜間部，重回校園。

比追求名校更重要的事

林白庸決定繼續念書的時候，同時報考亞東工專日間部機械科和夜間部紡織工程科。後來考量家計，選擇白天去二姊和二姊夫在樹林開設的紡織工廠上班，晚上再到校。

有過工作經驗再回頭念書，林白庸對學校時光特別珍惜：「學校是最好的學習場域，做不好不會被笑，所以當同學選我當班代時，我就盡我所能把事情做好，當是為自己培養領導能力，也讓自己累積更多溝通協調的經驗。」

回憶起亞東工專三年求學時光，林白庸用兩個字總結：充實。他拿出一大疊活動照片，細數當年辦的各種活動：迎新送舊、卡拉OK、搞笑選美、郊遊烤肉、票選最風趣老師，以及A、B班畢業旅行東勢大會師等。他當了好幾任的班代，以各種活潑、熱鬧的活動凝聚同學的向心力，也跟老師們打成一片，大家感情很好。到現在，大夥兒還是經常聚會，連紳宇實業舉辦春酒尾牙，也會邀請老師、同學們一起參與。

走過這一切，林白庸以自身經驗呼籲技職體系的學生，要好好珍惜學校這個取之不盡、用之不竭的寶庫，「即使畢了業，緣還在，」就像他當年連不織布選修課都沒有修，但紡織的基礎知識一直都在，回頭去找老師討論，老師也大方相助。

林白庸引用《禮記．學記篇》：「善待問者，如撞鐘，叩之以小者則小鳴，叩之以大者則大鳴。」學生怎麼跟老師互動，決定了自己的收穫多寡。他認為，其實不一定要追逐名校，比較重要的是校風與師資、師生互動，決定自己的收穫多寡，這才是未來的隱形資產。

「在亞東，我們不會自視甚高，不會覺得一定要一次學到頂尖，學習的壓力沒那麼大，跟老師、同學的互動反而親切。我後來想想，學校真的很像一座大型圖書館，裡面很多書，你沒有去翻它，它永遠不會告訴你答案；你去翻它，什麼答案都在裡面，」林白庸語重心長表示。

勇敢追夢，永不放棄

創業拚搏逾三十年，看過大風大浪，遇過許多挑戰，林白庸說，他的人生哲學是「想做就做，勇往直前，永不放棄」。有夢想，就要勇敢去追，堅持下去一定會有所獲。

「想做就做，勇往直前，永不放棄」是林白庸創業三十多年的信念。

紳宇實業是他的夢，逐夢過程再辛苦、再累，他都甘之如飴，但他不打算要求孩子接班，「這個是我們的夢，我自己在逐自己的夢，孩子也有他自己的夢，我不會強迫他接，除非他有興趣，不然他會接得很痛苦，畢竟做這一行壓力很大，像我從設備、機械、研發，到產品行銷、設計，全部都要思考。不過，儘管很累，我卻做得很有感覺，也過得很充實。」

文／黃筱潔・攝影／黃鼎翔・圖片提供／林白庸

第二部
開創新局

以商道審視自我優勢，用磨練擴展宏觀視野，方能走出象牙塔，並打造品牌獨特性，擘劃獨一無二的藍海策略。

豐富生命

佳尼特共同創辦人

莊住維

以溫暖與善念
開創第三人生

在紡織業，莊住維把夕陽變旭日，
更以溫暖與善意，開創自己的第三人生，
努力翻轉性別與階級限制，
賦予許多人一路向前的勇氣。

日本經營之聖稻盛和夫曾說，人可以分為三種：第一種是點火就著的「可燃型」人；第二種是點火也燒不起來的「不燃型」人；第三種是自己就可以熊熊燃燒的「自燃型」人。

佳尼特共同創辦人暨總經理莊住維，就是那種為了成就事業，而能夠「自我燃燒」的人。

當紡織產業紛紛從台灣外移時，她卻擲地有聲地宣告要將「夕陽產業」打造成「旭陽產業」，憑著精準的商業眼光與研發能力，她帶領四人創業小團隊，逐步打造出國際知名的「佳尼特」品牌，如今世界五大洲都有他們的足跡，Zara、H&M等國際品牌也都指名要使用他們的布料。

在事業之外，莊住維也將彷彿太陽般炙熱的活力帶入社會。她積極參與公益事業，領導世界華人工商婦女企管協會（簡稱世華）及佳尼特教育基金會，翻轉世俗框架之下的性別與階級限制，賦能他們擁有一路向前的勇氣，找到自身價值與認同感。

布堆中長大的孩子

穿著合宜精緻的黑色針織洋裝、腳踏細高跟鞋，莊住維給人的第一印象，是精雕細琢的時尚女性；說起話來不疾不徐，自然流露出一種能夠化解任何難題的篤定與自信。她事事追求完美與極致，即使是僅會在照片中露出一角的布料展示間，也要親自動手調整，不輕易放過任何一個小細節。

有一句台灣俗諺「壯元囝好生，生意囝歹生」，意指要生出有做生意才能的小孩很困難。但是，做為紡織業第三代，莊住維可說是青出於藍的最佳例子。

莊住維自有記憶以來，就是在布堆中長大。小時候，她看著爺爺在彰化縣二林鎮竹塘鄉經營布莊，但規模不大，顧客上門只會剪兩、三碼布，屬於「小賣」零售；乘著台灣紡織產業在一九六〇年代起飛的時勢，她的父親更進一步，在彰化布料批發集散地三民商場獨資開設布行，除了經營「大賣」批發，也兼營布料加工，憑著敏銳的商業眼光開始累積發家資本。

她印象猶深，在一九七三年石油危機時，父親立刻聯想到紗布將會跟著大漲，於是以一碼十六．五元的現金價，盤下大量布料，轉手以當時市場行情三十三元賣出，店面一天就可進帳幾十萬元。

布行生意蒸蒸日上，父親忙著到全國各地跑業務進貨，母親則是在布行長大的莊住維，不但就讀亞東科大材料織品服裝系，更創立佳尼特紡織貿易公司，是許多客戶採購布品的指名合作單位。

最堅固的支援力量，一手包辦店面經營、管理與銷售，而莊住維最喜歡做的事，就是在數百批的布料進貨、點貨過程中，穿梭在布堆中、跳上跳下，感受著空氣中布料的味道。

「講到布料集散地，北部有迪化街，中部就是我們彰化的三民商場，」莊住維自豪地說，當時買布人潮從台南、高雄、屏東，甚至是台東紛紛湧入，每個人口袋都裝著鼓脹的現金。看著母親與各方人馬交涉買賣，耳濡目染之下，她開始對經商產生興趣。

莊住維回憶，有一次，母親給前一個客人的價格是一碼布一〇〇元，對下一個客人卻報價三〇〇元，她以為母親算錯帳，出言詢問才知道，原來報價可以隨著購買的數量多寡、收款狀態、客人的信用程度，以及進價成本的波動靈活調整，「有些客人你只能賺一〇％，但是有些卻可以賺五〇％，定價策略就是我學到的經商第一課。」

從容欣賞人生轉彎的風景

「可能是基因遺傳，或是在布行長大的經歷，我從小就認為，以後一定要創業才能賺錢，」身為長女的莊住維從小充滿主見，但又體貼懂事顧全大體，所以，當父母一直期盼她能過平順安穩的日子時，

她選擇先放下心中的創業夢，聽從家中安排，就讀彰化高級商業職業學校國際貿易科，目標是未來可以拿起銀行的鐵飯碗。

偏偏，在她高三那年，各種逆境接踵而來。先是父親投資紗廠失利，多年辛苦賺到的錢血本無歸；莊住維原本十拿九穩的私立大學國際貿易系及彰化師範大學（簡稱彰師大）保送甄試，也因為各種臨時狀況而失利：「往年彰師大都是保送四十人，我那年卻只錄取三十人，偏偏我是第三十一名。」以一名之差飲恨落榜，莊住維轉而報考二專，進入亞東科技大學材料織品服裝系就讀。

在命運的兜兜轉轉之下，莊住維終究是走上延續家族本業的道路。

「當時覺得可惜，可是現在回頭來看，我卻很感謝那個狀況發生……，如果我真的進入彰師大，現在應該只是一個學校老師……」求學的波折，教會莊住維以逆境為師，從容欣賞每一個轉彎的人生風景。

人要吃苦才有養分

在亞東科大就讀期間，莊住維不只書讀得好，以第一名成績畢業，她也活躍於土風舞社與乒乓球社，將日子過得多采多姿。為了減輕家中經濟負擔，她畢業後立即進入人壽保險公司上班，「但不到三天我就做不下去了，」莊住維發現，自己還是渴望在紡織領域，做出屬於自己的一番事業。

這次，莊住維跟隨內心的聲音，插大考入逢甲大學紡織工程學系（現為纖維與複合材料學系），她自信地對父親說：「讓我去念大學，你以後絕對不會後悔。」

沒想到，開學的第一天，班上就有聯考失意的同學大聲抱怨：「紡織這種夕陽產業有什麼好讀的？」莊住維立刻駁斥對方：「夕陽隔天早上起來不就是旭陽嗎？」霸氣的言論引來班上許多同學拍手叫好，她也因此被推舉為班代。

在校成績名列前茅，莊住維寒暑假也到紡織廠工作，但不到三天，手就因為車縫皮箱的鐵拉鏈而破皮受傷。一個月下來，手包了好幾層紗布，只為賺到一萬二千元來貼補註冊費，「但我覺得很棒，因為人要吃苦才會有養分。」懂得將生活中諸多磨難轉換成更積極的意義，莊住維早已具備成功者的特質。

畢業之後，她先後在中興紡織與力麗集團兩大紡織龍頭企業任職，奠定自己的國際業務開發能力，同時也累積創業所需的資金、人脈與經驗。

一九九五年，莊住維和丈夫陳俊安創立紡織貿易公司「佳尼特」，嘗試結合過往所學的布料開發、生產到製衣的產業鏈完整知識與能力，找到新的事業突破口。

創造產品護城河

莊住維創業時，許多工廠已大量外移到勞動力低廉的中國大陸及東南亞，若是她要將主力放在製造，勢必要花費大量時間留在海外，「我們想了很久，因為人生有太多事情要考慮，後來還是選擇根留台灣，主力做貿易就好。」同時，她轉而思考，如何從價格紅海中脫穎而出，創造更高的附加價值。

成為具有知名度及產品力的「企業對企業」（B2B）領導品

莊佳維（右二）親力親為，和團隊討論、研發出他人難以複製的產品，開創商機。

牌，就是她的答案。

經營品牌，絕非只是設計商標或命名，更重要的是擁有獨特的價值主張和定位。莊住維的第一步，就是創造出他人難以複製的產品護城河。

「因為我從小在布堆中長大，又在紡織業待了這麼多年，給我一塊布，我立刻就可以分析出這是幾丹、幾條紗、幾針，」對布料製程了然於心，再結合對時尚趨勢的精準眼光，莊住維跳脫傳統貿易商單純買進賣出的常態，主動指導廠商該如何調整設計，每季推出佳尼特的獨家系列，「這就是品牌的概念，客人會覺得要買創新的東西，找Monica（莊住維的英文名字）就對了。」

展現值得信賴的管理能力

莊住維的第二個武器，是供應鏈分眾管理的能力。

「銷售要分眾，管理供應鏈也是一樣的策略，」她說明，A廠擅長印花、B廠的布料後加工做得更好，而她拆解製程之後，便會將訂單發給台灣、中國大陸及泰國等不同工廠，她對各家工廠的掌控能力也在這樣的分工中展露無遺。

除了產品研發及供應鏈管理的硬技能，新品牌要站穩腳步，關鍵在於客戶信任感的經營。因此，創業初期，莊住維便打出「二十四小時服務」口號，不論來自哪個國家、時區的客戶，即使半夜收到傳真，她都會立刻起身回傳報價單，「我要讓客戶知道，我們的反應很快速，而且值得信賴。」果然，不到一年，佳尼特就在業界打出口碑。

成本墊高也要守住商譽

經營過程中，莊住維也曾面臨某家工廠接單後，卻用各種理由調價、拖延交貨。然而，「對方沒有誠信，我卻不能拿自己的商譽開玩笑。」為了順利履約，她當機立斷尋找替代廠商，即使成本更高也在所不惜。

吃了這個大虧，莊住維沒有選擇忍氣吞聲，而是公開宣揚這次事件，不只讓其他廠商看到她的魄力，客戶也因而更加信任佳尼特，回頭又下了更多訂單，「做生意要先有誠信才能獲利，這是小時候我從爸爸身上學到的。」

從小在母親身邊學到的彈性定價策略，更是被莊住維發揮得淋漓盡致。

在拓展東歐市場時，她沒有選擇自己直接面對客戶，而是與印度代理商合作。如此一來，利潤空間勢必遭到壓縮，但她卻還主動讓利，唯一的條件是布料必須掛上「佳尼特」的標籤。

「因為我不可能自己跑到波蘭、俄羅斯收款，透過中介商去銷售鋪貨，不只可以用他們的人脈圈，最重要的是他能幫我收到錢，」莊住維說，半年至一年內，佳尼特的產品便開始被客戶指名採購，而她則看準時機，開始在售價上反應成本，成功賺到第一桶金，也大幅提升了自己的議價能力

讓世界看見「MIT」的競爭力

品牌做出名氣後，自然會有競爭者跟風搶客，「但我的反應更快，我會判斷市場需求，主動幫客戶降價，」不論是產品或價格，莊住維永遠比別人走得更快一步，讓客戶對她死心塌地。譬如，她曾帶著一款所有客戶都想下單的麂皮布料參加國際展會，若客戶沒有當場下單，展會後就立即漲價，在害怕錯過的氛圍下，所有客人都排隊搶著購買。

「在經營品牌上，我很游刃有餘，而且很享受這個過程，」莊住

> **「孩子們只是需要一個舞台，重建成就感，」莊佳維表示，她和先生陳俊安創立佳尼特教育基金會，固定資助台南偏鄉的藝陣教育，讓他們能安心學習。**

維充滿自信地說。

從紡織品進出口起家，如今佳尼特已串聯整合出一條製造、貿易及品牌行銷的產業價值鏈，業務觸角擴及全球，成為Zara、Calvin Klein、H&M、Ralph Lauren等知名服裝品牌的長期合作夥伴，讓世界看見「ＭＩＴ」的競爭力。

商業嗅覺敏銳的莊佳維，也從十年前開始，逐步擴大事業版圖，朝向控股公司方向布局。如今旗下事業版圖，涵蓋紡織、生技、餐飲和科技等四大產業，並擔任岱宇國際、晶達光電、三聯科技及邑昇實業、科嶠工業五家上市櫃公司董事。

回顧自己一路走來的求學與事業奮鬥歷程，莊佳維有感而發：「技職生真的不用自我設限，我們的職業天花板絕對不僅於廠長，甚至可以當ＣＥＯ（執行長）……」她從人才市場需求面分析，兼具理論、研發與技術能力的技職體系教育，才是最難被取代的潛力人才，「重點在於，在校期間每樣都學、實際去做，找出自己的強項。」

幫孩子播下勇敢夢想的種子

談起生意經頭頭是道、雷厲風行的莊佳維，也有著柔軟感性的

一面。二〇一六年，她和丈夫創立佳尼特教育基金會，起心動念很單純：「就是飲水思源，想為故鄉多做一些事。」

陳俊安的故鄉在台南，其中的偏鄉青壯年人口大量外流、隔代教養成為常態，許多孩子下課後無人照料，容易在毒品與幫派的誘惑下誤入歧途，於是基金會以台南最具特色的藝陣文化為主題，為學校提供藝陣教育經費，讓孩子們透過學習跳鼓陣、舞獅等技藝，進一步認識傳統民俗文化，並在外出表演中獲得肯定。

因為基金會財源全憑佳尼特自行支持，資助的範圍一開始只能鎖定在台南，每年補助學校四萬元的社團經費。但看似微小的行動，卻引發熱烈迴響，校長、老師們紛紛向莊住維表示，因為有這筆固定經費，學校終於不用每學期都擔心下一年度的經費斷炊，可以安心進行藝陣教育的長遠規劃。

「這些孩子們只是需要一個舞台，重建成就感，」莊住維一一細數藝陣教育帶來的改變，例如：許多過去會霸凌同學、出現失序行為的孩子，開始練習藝陣之後，逐漸學會團隊合作，不只行為變得更加正向，還會主動幫忙師長做事；也有些孩子因而找到學業成績之外的自我價值，變得更有自信。

除了提供穩定的資金，莊住維更致力將孩子們帶向更大的舞台：「我們曾在南科樹谷音樂廳表演，台下有五百人幫他們鼓掌，這些孩子會變得更有榮譽感。」二〇二二年，莊住維接任世華總會長時，特別邀請台南坔頭港、仙草及六甲三所國小的藝陣團隊演出；接下來，她還想帶孩子們走向海外，將在地藝陣文化發揚光大，在孩子們心中播下勇於做夢的種子。

「這才是教育的本質，我從孩子們身上獲得更多的感動與力量，」莊住維開玩笑地說，因為她愈做愈有成就感，目前基金會資助傳藝教育的學校已多達三十六所，未來還要持續擴大，所以要請另一半努力賺錢，「這也是一種分工合作。」

串聯全球人脈，持續照亮社會

事業、公益之外，莊住維如今還有一個「志業」——積極參與世華總會活動，提升華人女性企業家在全球的影響力。

「加入的契機，是我在二〇一三年拿到世華總會舉辦的華冠獎，才發現這是唯一由台灣發展至全球的國際工商婦女社團組織，」莊住維非常認同世華為全球華商女性建立資源共享平台、促進國際經貿合作，以及提升婦女權益的宗旨，不只積極投入，更在二〇二二年接下第十二屆世界總會長的重任。

目前世華在全球已有八十五個分會，上任七個月，已創立澳洲墨爾本、美國橙縣、密西根、奧蘭多、韓國、巴西的巴西利亞共六個分會，日本關東分會也將在十月創會，莊住維興奮分享：「韓國過去較為排外，能在韓國創會真的很不容易，僑委會也非常高興。」

為了串聯起各國的人脈及資源，莊住維的海外參訪行程已經排到二〇二三年年底。雖然忙碌，卻也開創出能助人、傳承與貢獻自己的第三人生，以溫暖與善念持續照亮社會。

文／王維玲．攝影／黃鼎翔

永不放棄

陳國欽

興采集團董事長

愈難的事 愈值得去做

堅持挑難的做、要走不一樣的路，
陳國欽相信，
只要走出舒適圈，肯創新、敢突破，
就能打造獨特的價值。

SINGTEX
台灣精品金質獎
TAIWAN EXCELLENCE
GOLD AWARD 2021
AIRMEM™ COLORSHE
Coffee Bio-jacket
SAVE ENERGY
26%
AIRMEM™
WINDPROOF
防風
WATERPROOF
防水
BREATHABLE
透濕
Patented Technology
US 9822482 / TW I 46

在許多人的印象中，紡織產業曾被視為走向夕陽的傳統產業，但一走進位在新北產業園區的興采實業，迎面望去，淨是來自世界各國的獎盃、獎章與專業認證，大廳裡還展示著兼具機能、環保且充滿設計質感的各式服飾，進進出出的員工臉上充滿活力，整棟企業大樓裡朝氣蓬勃，反而展現出台灣環保機能紡織產業先鋒的氣勢。

「興采經歷過很多難關與挫敗，但我堅持，挑難的做，要走不一樣的路，才能有所成長與收穫，」興采集團董事長陳國欽語氣堅定地說。創業三十多年來，他帶領團隊突破創新，從傳統紡織品快速轉型開發機能性紡織品，再到領先國際的環保咖啡紗，每一步都是最難的一步，但因為不放棄，終有今天的卓越成就。

紗線中長大的小孩

陳國欽從小生長在彰化縣和美鎮的紡織業家族，家裡做棉被生意，他四歲起便拿著裁刀剁紗頭，那是來自紡紗廠多餘的次級紗，剁碎之後再去開纖，讓紗散開，就可以做棉被。

小學和國中時代，陳國欽的成績不錯，高中聯考則考上彰化高級中學，但念了一年，愈讀愈覺得不適合，便休學重考進台中工業高級中等學校（簡稱台中高工）汽車修護科。高工三年的寒暑假，他還到汽車修理廠實習，生產線上高度專注與專業的匠人精神讓他深受感動，也漸漸在技職領域找到信心。

畢業時，陳國欽與父親商量：「我是在紡織業長大的小孩，應該走向這行。」不久後，他考進亞東工專紡織工程科染整組，從此展開一生的志業。

接掌合唱團，學會帶領團隊

十九歲進亞東工專，陳國欽的同學來自台灣各地，大家都沒有驕氣，讓他很喜歡這裡純樸踏實的氣氛。愛音樂的他很早就加入合唱團，也因為天性活潑又主動積極，再加上學業成績不錯，專一下學期便由學長指定接班，擔任合唱團團長。

音樂一直是他的良伴——他在高中學會彈吉他、吹口琴，還會寫詞、作曲，也熱愛和大家一起唱歌。

「音樂與歌聲會為一群人帶來快樂，不只自己開心，也能創造良好的人際關係和氛圍，」陳國欽說，亞東工專兩年的合唱團生涯，為

他的青春帶來歡樂；擔任團長的重責，更為他培育出始料未及的熱情和領導力，以及此後數十年讓他一路突破難關的強大韌性。

他回憶，當時擔任團長兼代班指揮，帶著亞東合唱團參加大專院校合唱校際賽，得過很多獎。但一開始並不順利。

要組成一個合唱團，成員需要百人以上，且須男女各半，才能混聲四部合唱，但亞東工專全校只有六十幾個女生。因此，陳國欽到一間一間教室發傳單，花了很大力氣去拜託女同學入團，最後總算讓全校近八成女生入團。

喜歡一群人為共同目標努力的氛圍

那是一段充滿熱情活力的歲月，也讓陳國欽在過程中培養出組織動員的能力。

四十多年前的亞東工專，設施和經費都不充裕，但校園氣氛溫暖，老師鼓勵學生在學習之外多參與各種活動，同學們練唱也很認真。陳國欽說，因為學校沒有鋼琴，他身為團長，必須去借有鋼琴的場地，還要發動團員們願意在週六或週日來練唱。

不僅如此，還有練唱時的茶水準備、四處比賽的交通安排等狀況陳國欽（右圖）在學生時期充滿鬥志和熱血，就讀亞東工專時，身為合唱團團長的他經常帶領團員征戰比賽。

需要處理，於是陳國欽到學校附近的高級西餐廳打工當服務生、去夜市擺地攤賣襪子，每月賺三、四千元，解決經費問題；甚至，偶爾還要自掏腰包帶團員郊遊、烤肉、吃宵夜，但他都樂在其中。

「為了喜歡的事，我願意吃苦付出，」陳國欽說，他很愛大夥兒一起為目標努力的那種氛圍，會燃起青春的鬥志和熱血。

事實上，如果說團長生涯在無形中培養出他一夫當關的勇氣，也並不為過。

接任合唱團團長後，陳國欽必須獨自一人帶領和教導台下兩、三千位學生與教職員唱校歌，不但讓他練出宏亮的聲音，也訓練出穩健台風和膽量。後來很多大專院校的校際活動，師長都派他代表學校參加，也為他帶來新的衝擊。

快速轉念，決心精進專業

陳國欽回憶，當時參加校際活動時，常接觸到全台各公、私立大學和專科學校的學生代表，在互動之間，他發現，來自台清交等名校的學生代表，思想談吐和專科學生不太一樣，「他們的質感比較好，讓我有一點自卑。」

但是二十歲的他很快轉念。他開始思考，自己讀的是工專，重視的是技術，與追求學術與研究的綜合大學不同。既然他走了技職體系這條路，就應該朝著專業技術的目標努力前進，毋須去和名校大學生比較。

其實，台中高工畢業時，陳國欽也曾參加大學聯考，儘管最後成績不如預期，但他並沒有自暴自棄，而是很快便下定決心，走向紡織這條路。

「我很清楚自己的目標，」高三畢業時對父親說的話，他一直記在心中。

於是，每逢寒暑假，他都會到紡織工廠打工兼實習，累積專業能力。他說，亞東工專的師長相當鼓勵學生踏實學習專業，會為他們安排實習機會，而他最難忘在信華毛紡實習時，每天在工廠裡打色、落布、染色、推布車……，紡織相關的工作都要做。

看似相當辛苦的工作，卻讓陳國欽發現紡織產業的魔力，真正進入染整的世界。

「看著配方讓一條條紗線變色，還能兼顧牢固不褪色，你會覺得染整真是一門好技術啊！」陳國欽解釋，在工廠天天看著織品的變化，從紗線到布、從胚布到染色，其中包含化學和物理的變化，那是一個神奇的世界，讓他愈來愈著迷，真正奠定對紡織的熱情。

開啟紡織事業

亞東工專畢業後，陳國欽先到叔叔的公司上班，學做紡紗和織布生意。他從修理織布機的現場技術人員做起，逐步學習紡織廠的各種基本功；兩年後，他走出工廠，學銷售、跑業務，因為他勤奮、專業又豪爽，很受客戶歡迎，叔叔公司的業務也蒸蒸日上。

一九八九年，陳國欽和妻子賴美惠正式創業，成立興采實業。賴美惠是他亞東工專的學妹，同樣喜歡唱歌，「興采」的英文名SINGTEX，其實是Sing a lovely textile song，就是希望創業後，可以譜出一曲紡織的優美樂章。

事實上，他也的確做到了。

九〇年代，台灣紡織業發展蓬勃，陳國欽投入胚布和成品布的生意，生意不錯；沒過幾年，台灣紡織廠大舉外移到勞力成本較低的中國大陸和東南亞，興采也前進中國大陸，與對岸紡織廠商合作生產布匹，再轉手外銷其他國家製成服飾。

陳國欽對織品的原理和變化很有興趣，因而到紡織工廠打工兼實習，累積基本功，之後更創立興采實業，投入布品領域。圖為興采實業初期經營的門市。

然而，本已經逐漸熟悉這種貿易模式的他，卻重摔一跤。一九九一年時，陳國欽向浙江寧波的紡織廠訂購四個貨櫃的染色汗布，要轉賣給南非的成衣廠，沒想到成衣廠商在南非驗貨時，發現汗布嚴重掉色，美國和南非客戶當場氣到拒收，中間轉手的興采收不到貨款，偏偏中國大陸那頭又逼著陳國欽要付清四個貨櫃的成品布款項，讓他剎時跌進深淵。

「那時我幾乎是被軟禁在浙江的飯店，幾個彪形大漢圍著我不放，連台胞證都收走，不讓我回台，寧波的紡織廠老闆天天來逼問我何時叫老婆匯錢過來……」

肯創新、敢突破，就能打造價值

三十多年前的沉痛教訓，陳國欽如今回想仍歷歷在目，最後他慘賠兩百多萬元結束這場噩夢。更糟的是，還賠掉了客戶面前的信譽。

回台後，他痛定思痛，不願再依靠對岸生產，決心帶著公司轉型，從源頭掌握紡織品的品質。

「西進、南進不如上進，只有靠自己努力，興采才能長長久久，」陳國欽語重心長地說。

下定決心之後，契機很快到來。

一九九二年，在化學織品企業任職的哥哥陳阿明寄給陳國欽一片防濕透氣布料和國際大廠的布料用薄膜，建議他不妨研究這兩種新式的機能性材料。重新燃起鬥志的他，全力開發製作功能性布料，一試成功。

之後，陳國欽開始參與海外紡織展售會，一面爭取商機，一面積極觀察別人的行銷策略，學習如何推廣興采的機能布料，同時啟發靈感，回台投入更多產品開發。很快地，興采打開了國際知名度，與許多全球知名機能性服飾品牌合作。

踏進全新的世界，陳國欽深深體會到，只要肯創新、敢突破，即使被世人視為傳統產業的紡織業，也能運用科技轉型，生產與眾不同的機能性布料，走出新局。

轉型後的興采，全力投入研發化纖保暖、抗菌除臭、防水透氣等特殊機能性布料，不但創造出紡織產業的差異化價值，也開發出許多世界級專利的布料。陳國欽更積極進修學習，一邊學習機能性材質的製作技術，一邊學習品牌策略與企業經營，為興采打造出獨特性。

思考企業能為地球做些什麼

在成功研發出高階機能性布料後，興采吸引到許多國際知名品牌前來尋求合作的機會，但陳國欽認為，企業必須持續追求創新，打造更多、更好的差異化價值；同時，他開始關心，隨著氣候變遷與生態環境日益惡化，「身為地球的一份子，興采可以做些什麼？」

二〇〇〇年起，興采正式投入環保機能性材料的開發，包括寶特瓶回收製成的紗線、椰炭紗等。然而，一段時間之後，他開始思考：這些產品比較適合在寒冷地區使用，那麼，氣候濕熱的台灣，需要的是什麼？

必須另外尋找可以吸濕、排汗、除臭的天然材料，來製作環保機能布料。

陳國欽很快就找到既符合本地民眾需求，又能為環保盡一份心力的方向，並且嘗試採用許多不同原料開發新產品，卻都不成功……直到二〇〇五年的一個傍晚。

那天，陳國欽和賴美惠到台北小巨蛋聽演唱會，由於他白天先去爬山，還來不及回家盥洗就匆匆趕到小巨蛋，提前在星巴克等候的賴美惠半開玩笑向他抱怨：「你全身汗臭，真想拿咖啡渣在你身上抹一抹來除臭……」

剎時間，陳國欽有了全新的靈感，他想起人們常把咖啡渣放在冰箱除異味，何不試試把咖啡渣做成紗線，變身成環保機能布料？

興采很快地開發出第一代咖啡紗產品，送給幾家運動服飾品牌廠商試用。不料，咖啡紗製成的衣服雖舒適，三個月後卻開始散發怪味，陳國欽和興采研發團隊不斷改良，始終找不出怪味的來源。

長達四年，咖啡紗的研發不斷失敗，連續推出七代的咖啡紗，還是無法突破怪味的難題。那時，陳國欽前後已經投入四、五千萬元，連賴美惠都忍不住好幾次哭著勸丈夫，不能再燒錢下去了……

然而，陳國欽總是哽咽著不肯放棄，堅持要生產出屬於興采的紗線品牌。

二〇〇七年，興采終於發現，原來咖啡渣會殘留的微量咖啡油，製成咖啡紗之後，會與人體的汗味、體味結合，形成怪味。陳國欽決

「挑難的做，永不放棄」是陳國欽的信念，促使他就算失敗七次，也要研發出機能性布料「咖啡紗」，並因此獲得國際肯定。

心再試一次，再投資千萬元購買超臨界萃取機，徹底清除掉咖啡油，最後產出的第八代咖啡紗，終於不再有異味。

產品深受國際肯定

二〇〇九年，世界首創的「S.Café®環保科技咖啡紗」正式問市，各大國際服飾品牌都上門和興采合作。國際知名的循環經濟大師、「藍色經濟」概念創始人剛特．鮑利（Gunter Pauli）不僅數度造訪興采，更在演講與著作中多次稱許咖啡紗的發明。

除了產品環保，陳國欽更要求製程環保。興采在二〇〇七年投入二．五億元，設立高精密環保染整研發中心，從能源到染料選擇和生產流程，全部符合低碳排；隔年，更通過全球環保標準最嚴苛的瑞士藍色環保標章認證機構bluesign®驗證。

走過三十多年長路，興采從一家只有夫妻倆的小公司，成為今日環保機能性布料的領導企業，陳國欽也成為四家紡織企業的董事長。他說，不論是創業初期選擇投入機能性布料，或是後來的環保咖啡紗，都是別人沒走過的路，碰到很多的難關，「但是我很堅持，一定要挑難的做。」

「挑難的做，永不放棄」是陳國欽一生的座右銘。

他解釋，「挑難的做」是企業經營的方向，要走出舒適圈，創新研發，才能打造獨特價值，各大合作品牌才會看見興采的特色而願意給予機會，「如果我們的產品和別家的一樣，就只能殺價競爭，任買家宰割，那不是我要的。」

「永不放棄」則是企業精神，也是陳國欽的人生態度。

唯有一試再試不放棄，才能跨過鴻溝，「當別人都放棄時，只要你不放棄，就一定有機會，」他堅定地說。

累積基本功，勇於創新

面對快速變化的新時代，陳國欽常提醒自己要隨時調整、勇於創新，但他也認為，不論身處什麼樣的環境，基本功永遠都是最重要的定海神針。

他進一步指出，隨著少子化和網路科技的發展，現代年輕人面對的誘惑更多，相對地，挑戰也更大。尤其由於知識與資訊的取得非常容易，很多年輕人認為凡事都能在網路上找到解方，不願花時間去培養實在的功夫。

「我非常希望年輕人去工廠扎扎實實歷練，」陳國欽強調，年輕人如果願意吃苦，就能夠在工廠的第一線學會技術，培養解決問題的能力，更會在摸索、嘗試和挫敗中累積養分，憑藉著書中沒有的實務經驗，印證課堂上的知識，最終，必能淬煉出百分之百屬於自己的真功夫。

就像陳國欽自己，即使已站上台灣環保機能布料的領頭位置，但他依然每分每秒踏踏實實投入每一個工作細節，為了譜出一曲美好的紡織樂章，永不懈怠。

文／邵冰如．攝影／林衍億．圖片提供／陳國欽

挑戰人生

施文進

宇峻奧汀科技前董事長

在逆局中仍要堅持理念

因為家境艱困，一度沒錢買米，施文進很早便體會到「錢」的重要。他渴望改變，因此不斷進修、強化自己的能力，不讓貧窮限制未來的可能，更用遊戲開創不一樣的人生。

一九九九年十月下旬，林志穎和蘇有朋聯手主演的《絕代雙驕》電視劇下檔，但這部古龍小説名著的熱度依然不減，市面上緊接著出現一款「新絕代雙驕」電腦遊戲，賣翻海峽兩岸。宇峻奧汀科技前董事長施文進回憶：「那時候『新絕代雙驕』紅到根本沒有現貨，玩家只能跟店家預定，即使工廠產能全開，還是沒辦法滿足市場需求。」

新產品爆紅，讓公司真正在遊戲產業站穩了腳步；少有人知的是，遊戲推出前，公司裡面不少人心生疑慮甚至不看好。在此態勢下，施文進頂住壓力，一步一步解決各種技術與行銷問題，最後交出讓公司內外都驚訝的亮眼成績。

突破貧窮的局限

在逆局中仍堅持理念，並且親身力行付諸行動，除了對遊戲產業的熱情與專業，施文進原生家庭帶來的影響也是關鍵因素。

「我國中畢業到嘉義念職校，只念了一學期就休學到外面工作，因為家裡需要收入……」十五歲的施文進當時到一家電子材料行當學徒，晚上睡在店裡，每天一早負責拉開鐵門跟著老闆做生意，月薪僅有三千元左右，卻是家中的重要收入來源，「我記得某次回家時才發現，因為當月薪水還沒發，家裡已經好幾天沒錢買米。」

艱困的家境在他心中埋下兩顆種子：一是深刻感受到錢的重要性，二是發現如果當下不改變，一輩子可能就這樣走下去。因此，不久後，他決定重拾書本，並揚棄當初在嘉義職校時沒興趣的機械科，改念松山工農電工科，從此走上資訊之路。

愛好文學的工科生

家境所迫，施文進只能選擇松山工農夜間部，半工半讀完成學業，但他心裡明白，要改變未來，只有高職學歷還是不夠，因此最後一學期毅然辭去白天的工作，進補習班全力衝刺專科考試，最後如願以償，進入亞東工專。

「亞東工專那幾年是我人生中少數可以休息的時間，讓年紀輕輕就不斷工作的我可以喘口氣，」施文進感嘆。在那段可以全心念書的日子裡，他也遇到了改變之後人生的關鍵——電腦。當時，蘋果公司的家用電腦Apple II問世不久，台灣有這套設備的學校並不多，但亞東工專不但引進了Apple II，同時也編列完整的電腦課程。

透過參加電子娛樂展（E3）等國際電子遊戲產展大型展會，施文進（左）掌握到不少國際遊戲產業趨勢。

「其實我從高職就開始寫程式，等到進入專科，功力已經比老師還好，」施文進表示，而亞東工專時期則是讓他能夠透過完整的教學系統來學習，將理論與實務結合，讓他的程式功底更加扎實。

不過，除了電腦程式這些「硬」知識，施文進還有另一個興趣是文學。亞東雖然是工專，校內圖書館卻有大量的人文藏書，等於為他開了一扇大門，「我看了裡面絕大多數的文學書籍，甚至後來科主任發現借書卡上都是工科以外的『課外讀物』時，還特別提醒我不要忘了本科。」

不過，就像賈伯斯那段話：「你無法預先把點點滴滴串聯起來；只有在未來回顧時，你才會明白那些點點滴滴是如何串在一起的。」（You can't connect the dots looking forward , you can only connect them looking backwards.）電腦程式、人文科學這些亞東工專的點點滴滴，在日後串起來，成為施文進在遊戲產業中的獨特優勢。

相信知識的力量，以念書補不足

亞東工專畢業後，施文進緊接著服兵役，一年十個月之後退伍。

然而，拿到退伍令後，在一面觀察社會、一面思考未來何去何從之

際，他發現一股網路浪潮隱隱來襲，整個世界似乎將與當兵前有所不同。

當時，是一九九一年。

憑藉在亞東工專學到的電機專業，施文進求職時，順利進入網路卡公司，負責產品維修工作。當時網路卡產業的成長潛力非常雄厚，不過對於幾乎把所有休息時間都拿來寫程式的他，硬體畢竟不是興趣，沒多久就萌生去意，選擇離職，前往遊戲公司應徵，希望可以將興趣與工作結合在一起。遺憾的是，遊戲公司並未選擇他。

「面試了幾家遊戲公司沒上，我才體認到，雖然熱愛程式，也花了滿多時間在這方面，但要把興趣變成職業，程度還不夠，」施文進反思之後，決定做出改變。

補強不足的最佳途徑，就是回校園再進修，因此，施文進鎖定無論當時或現在都是台灣技職教育領頭羊的台科大。

在亞東工專念的是電機工程科，這次的志願則是電子工程系，「當時我只填了這個科系，和考大學不一樣，台科大考試前就要決定科系，而且不同科系考的內容也不一樣，所以我不是考上第一志願，就是落榜，」施文進說明當時破釜沉舟的決心。

心知跨系的挑戰非常大，他認為，既然決定做一件事就要認真貫徹，因此他在考試前半年辭職，全力衝刺，結果一次就考上。

當時，施文進是以「吊車尾」的成績考上。他原本以為自己只是不擅長筆記，實際動手的功力應該與班上同學相當，「沒想到太多同學的程式功力比我還好，」他說。

做有興趣的事，再忙也不覺得苦

一九九五年，施文進在台科大的第一學期，開學後的作業是寫一個文件編輯的程式，「不過課堂內容並沒有太多程式教學，因為課程設定前提是來上課的學生都已經有足夠基礎，」他回憶，自己雖然有一定程度，但自學跟科班出身相比，基礎還是不夠完整。所幸程式是他的最愛，有興趣加上目標明確，在校期間整個人卯起來學習如何寫程式。

畢業後，施文進功力大增，他又去面試了上次拒絕他的遊戲公司，結果順利入職。

當時，電腦遊戲產業剛起步，主要類型大致有冒險、卡牌、戰略、模擬、角色扮演等，遊戲公司通常會選擇其中兩、三種，再編制專案團隊開發遊戲。

剛進公司的時候，他原本屬意角色扮演（RPG），雖然未能如願，後來被派到其他類型團隊，不過他一邊做著自己的工作，另一邊還是盯著RPG的專案動態，後來的情況就如《牧羊少年奇幻之旅》裡的名句般變化——當你真心渴望某件事時，全宇宙都會聯合起來幫助你。

由於公司裡RPG團隊的製作人並不熟悉這類型遊戲，開發時屢受挫折，製作人只能向外求援，施文進在此時給了相關建議，沒想到後來變成團隊最主要的諮詢對象，涉入愈來愈深。製作人離職時，全公司竟然沒有人比他更熟悉相關專案進度和細節，他成為唯一能接手的人。

「那時候，我一個人當兩個人用，除了寫自己原本團隊裡的程式，還要兼RPG團隊的PM（專案經理），幾乎所有時間都用於工

作，」施文進說，「不過，雖然忙，但忙的是有興趣的事，還是做得津津有味。」

「不知道」的勇氣

在高強度的工作環境下，施文進的遊戲專業能力逐漸強化，無論是單兵作戰或領導團隊都能勝任，公司對他的倚賴也逐漸加深；沒多久，同學找他一起創業，遊戲公司為了留人，甚至直接問他：「要加薪多少你才願意留下？」只是他依然想擁有自己的事業，最後選擇離開。

對於創業這件事，施文進自稱，當年其實是沒搞清楚就決定投入。

「那時候以為一款遊戲的成本大約兩百萬元之內就能搞定，事實上遠遠不止，」他記得，「當時不僅動用了自己的存款、標了一個會，媽媽也標會，還有同學借我錢當股本，再加上其他同學共同出資，宇峻科技就這樣成立起來。」

為了推出叫好叫座的遊戲，施文進（左三）帶領公司積極和國際企業合作。圖為宇峻奧汀科技團隊（左）與日本Q社Entertainment團隊（右）。

「如果那時我對遊戲成本的概念夠，也許不見得敢這樣投入，」不過他接著笑笑說：「可見有時候不知道就傻傻去做也有好處。」

其實，創業之後，施文進才發現自己有太多「不知道」。

當初進遊戲產業，是因為寫程式是他的興趣，但宇峻科技成立後，他反而沒辦法寫程式，「同學的程式功力比我還要好，同時公司裡只有我知道專案所有流程，熟悉程式和企劃兩方面的工作，所以我的工作就變成企劃和遊戲製作人，程式則由同學來寫。」

不過，即使不能寫程式，他還是發揮所長，設計出一款可以整合企劃與工程師兩端工作的開發工具，讓即使是沒有程式背景的企業人員，也可以輕鬆修改遊戲內容，大幅優化開發時程與成本。

勇敢走出舒適圈

宇峻科技的問世之作，就在施文進的引導、團隊同仁的努力和完善開發環境三大條件下，順利完成。

「超時空英雄傳說」是施文進成立宇峻科技前就開始寫的劇情，那時他已經完成前面三分之一，之後專案成立便陸續寫完後續情節。

「這款遊戲結合魔法與冒險的特色，類似《哈利波特》，不過我們的構想比他還早出現，」他談到，在市場沒有同類型產品的狀況下，「超時空英雄傳説」系列出了三款作品都熱賣。

當時正逢遊戲百花齊放的年代，玩家的選擇也愈來愈多，一家遊戲公司要推出連續成功的產品並不容易，由此可知宇峻科技的佳績非常難得。

不過，儘管陸續有叫好又叫座的作品問世，讓宇峻科技逐漸站穩腳步，但施文進認為，公司的產品還是需要更多元化，因此他決定走出舒適圈，嘗試開發ＲＰＧ遊戲。

從原本拿手的戰略遊戲轉向發展ＲＰＧ，突然的改變，讓他備受公司夥伴質疑，一時之間，內、外壓力齊至。

來自內部的壓力，是因為新類型遊戲無法沿用既有的遊戲開發工具，再加上他要求高解析度畫面，所有流程都必須重來；外部的壓力，則是其他遊戲公司也著手開發同類型的遊戲，而且半年前就已經開始啟動。

這一切，讓事情變得更不容易，但施文進只能頂住壓力一步步走下去。終於，「新絕代雙驕」推出，驚豔市場，成為宇峻科技的代表作之一。

成功之後更要冷靜

成功絕非偶然。施文進享受喜悅之際，仍不忘冷靜分析「新絕代雙驕」勝出的原因。

「除了延續連續劇剛下檔的熱潮，正確的事前行銷策略也是關鍵之一，」他指出，當時市面上的RPG作品，遊戲時間大多落在五至八小時，「新絕代雙驕」光附在遊戲雜誌的試玩版光碟就超過八小時，細膩的畫面和精采的劇情，讓玩家不但對完整版遊戲充滿期待，雜誌還因此賣到缺貨。之後完整版遊戲正式上市，造成轟動，光是台灣就熱賣二十萬套，成為當年兩岸最熱門的遊戲。

除了「新絕代雙驕」，宇峻科技也持續投入「幻想三國誌」等自製的智慧財產權（IP）產品，銷量不輸「新絕代雙驕」，讓公司有了穩定獲利。而除了在產品面持續站穩腳步，在企業經營面，宇峻科技也動作頻頻。

二〇〇四年，施文進合併奧汀科技和宇峻科技，正式成立「宇峻奧汀科技」。

「我們宇峻跟奧汀的主事者本來就是好朋友，同為創業者，常常互相給建議，那時也都認為雙方的優勢可以互補，因此合併有點像是水到渠成、順勢而為，」施文進説。

宇峻奧汀科技成立之後，整體氣勢更強，沒多久，就成為兩岸最具指標性的遊戲公司之一。然而，事業如此成功，施文進卻逐漸快樂不起來。

那是他人生中最低潮的時刻。

多年來，施文進全力投入工作，巨大壓力導致他長期失眠，最後憂鬱症上身。

從追逐個人事業到追求健康人生

此時，他重新思考人生中最重要的事，於是有了退休念頭，開始培養人才接棒，自己也調整腳步，摸索各種方法，透過大量的運動、SPA、進入大自然來舒緩情緒，在壓力中找出路。

過了大約十年，施文進和一群公司元老從管理職退下來，轉為董事，為繼任的經營者提供各種諮詢；六年後，他又卸下董事一職，完全脫離遊戲產業。

告別遊戲產業的施文進，走向一條與過去截然不同的路。

「在每個位置都要盡最大努力，做好每件事」是施文進的人生信念。

妻子是身心靈領域導師與相關書籍作者，施文進受到另一半影響，也開始透過精神層面的探索，補足過去物質不能給予的部分，幾年前更與朋友攜手成立身心靈中心，希望協助現代人平衡身、心兩端，擁有更健康的人生。

在每個位置盡最大努力

從當年必須兼顧工作與學業才能養活自己跟家人，到後來擁有自己的事業，成為遊戲產業名人，總是全力以赴的施文進，用雙手改變了自己的人生。

問到他對這段人生旅程的體悟，他不像多數企業經營者有一套「成功學」，只是不斷提醒自己時時刻刻保持謙卑，不要成為自大的人，事前不預設立場，做事時盡力而為、扮演好自己的角色。從追逐個人事業到協助他人擁有健康人生，他始終秉持一個原則：「在每個位置都要盡自己最大的努力，去做好每件事。」

對於現代年輕學子，施文進以一句網路用語「理想很豐滿，但現實往往很骨感」提醒，包括遊戲在內的所有事情，都可能與想像的不同，「選擇事業時盡量找有興趣的，擁有熱情，才會積極想辦法解決問題。」

但，如果無法做自己有興趣的事、對所做的工作缺乏熱情呢？

「那就找專長，培養出你最拿手、會做的事，盡力去做，只有要耐心，慢慢就會做出成績，你的人生也會因此不同，」施文進說。

文／王明德．攝影／賴永祥．圖片提供／施文進

及早定錨

陸訊數據科技董事長

李高賜

突破框架，為自己和社會創造價值

因為堅持做對大眾生活有幫助的事，
不惜放棄熱門多金的工作機會，
但李高賜相信，人本來就應該跳脫框架，
找到人生的指南針，全力為未來幸福而努力。

台灣一向以電子業與半導體業的發展為傲，不過，過去在亞東技術學院（二〇二一年改名為亞東科大）就讀二專期間，上過「複雜可程式邏輯裝置」（Complex Programmable Logic Device, CPLD）相關課程，並曾在全國競賽中繳出優異成績單的陞訊數據科技董事長李高賜，就業時卻沒有選擇當初的熱門產業，反倒走上一條有別於大多數電子與工程領域學生的路。

退後一步，世界更開闊

李高賜小時候的家境並不富裕，幸運的是，家庭並沒有給他太多限制，讓他擁有很多摸索的空間，「小時候看到爸爸經常在拆東西，就有樣學樣，喜歡拆解家中的電子產品，了解它是如何運作的，甚至會交叉組合出不同的應用。」

這樣的舉動，父母沒有意見嗎？

「反正爸爸也常這樣做，家人應該也習慣了，」李高賜玩笑地說。不過，家庭環境沒有限制住李高賜旺盛的好奇心，但是對他的升學之路，還是產生了影響。

「其實當時我是想念高中的，」李高賜回憶，早年的高中並不好李高賜（左）自幼家境不富裕，但父母沒有限制他，反而給他自由探索的空間。

考，尤其公立高中更是競爭激烈，再加上當時高中與高職考試時間衝突，為了減輕家庭負擔，他決定放棄高中考試，選擇報考高職，就讀內湖高級工業職業學校（簡稱內湖高工）電子科。

儘管是迫於現實做出的選擇，但李高賜已經相當清楚自己的生涯規劃。

「我知道內湖高工的硬體資源相當不錯，平均一個人有三台電腦可用，所以雖然我的成績可以念大安高工，但我退後一步，選擇內湖高工，」他記得，「當時我專攻學習程式語言，週六、週日大家都在打籃球的時候，我會請老師幫忙打開實驗室，讓我進去使用電腦。」

當時，李高賜主要是用學校的電腦寫程式、測試電路板的線路，「因為是自己感興趣的事，所以我不會被學校的進度限制，想要做更深入的內容就去做，而這樣的過程也幫我建立了良好的基礎與自信，對我未來的幫助相當大。」

從內湖高工畢業之後，為了貼補家用，李高賜決定報考軍校，進入聯勤體系。出色的數理成績，讓他獲得長官青睞，進入研發單位協助開發射擊指揮系統。當時國防部的氛圍，是希望盡可能提升武器自製率，這樣面對國外向台灣銷售武器時，才能有較大議價空間。

「這是我人生中的重要契機，」李高賜說。

念軍校的當下，他就清楚知道，「我的下一步是要到有夜間部的大專院校就讀，才能半工半讀，既可貼補家用，也能完成學業。」果然，他在聯勤研發單位服務的同時，在一九九五年考進亞東工專電子工程科夜間部，用三年時間完成二專學業。

提前半年看完第一學期的書

「我在入學前六個月，就把第一學期要念的書都看完了，」李高賜自豪地說。

他在亞東工專三年，不僅拿下總平均九十五分的好成績，還在聯勤研發工作之外，以個人工作室接下兩個專案，這也成為他日後創業的基礎。

能夠有這樣出色的表現，除了本身對於自己的學習路徑已經有明確的想法，他歸功於當時電子工程科副教授蕭如宣給予的幫助：「蕭老師很有熱情，那時候他雖然不是科主任，但是在裡面很有威望，而且很願意給學生空間去完成自己想做的事，像我當時想把在亞東學到的東西，如：數位電路設計，和聯勤的研發工作結合成一個共同主題，他的支持與鼓勵就對我幫助很大，甚至在我需要相關人才協助的時候，他也會幫忙引薦。」

蕭如宣所教授的課程以CPLD為主，聯勤的研發單位則是偏重「可程式邏輯閘陣列」（Field Programmable Gate Array, FPGA），但兩者的基本核心都是可程式化邏輯元件。李高賜當時在聯勤的研發單位中，便是嘗試在射擊指揮系統裡安裝一顆晶片，就能夠以客製化方式，協助系統執行部隊任務。

那時候的射擊指揮系統，同時具備通訊、運算與雷射量測等功能，除了必須精準擊中目標，在射擊之前也要有彈道修正的能力，而李高賜利用了在亞東工專學到的中央處理器（CPU）、電晶體設計與CPLD等課程，開發出一款可客製化的四位元CPU，除了有運算能力，也具備程式控制與編解碼等功能。

「還好有蕭老師協助，我才能做出自己想做的東西，」李高賜認為，學校就是需要有蕭如宣這樣的老師存在，因為即使如他一般，已經很清楚自己的性向與興趣，但「學生還是需要一位導師的帶領，否則我可能不知道有CPU這個東西，如果沒有老師從旁協助、提供CPLD設計這類課程，或許我就未必能有好的發展機會。」

一九九八年，李高賜從亞東工專畢業，當時正逢台灣半導體產業起飛階段。按理而言，在台灣半導體人力市場中，擁有可程式化邏輯晶片設計專長的相當稀缺，但他並未進入人人稱羨的「多金產業」，反倒選擇投入2.5G（GPRS）系統雙模智慧手機研發，後來輾轉進入陞泰科技、孕學林等公司，最後再回到陞泰科技，以類似內部創業的方式，成立了陞訊數據科技，擔任執行長。

為什麼會做這樣的抉擇？

「我希望自己做的東西是可以真正幫助別人的，」李高賜直言，儘管IC設計可以提升CPU效能，關乎許多電子產品的核心技術，但他從未想過要進入相關產業，「因為那離『人』太遠了。」

想做貼近生活的工作

談到人生的選擇，李高賜以四個面向——你享受的事、你擅長的事、世界需要的事，以及別人會付錢請你做的事，來解析他眼中「所謂工作的意義」。

「這四個面向的交集，就是工作的意義所在，」李高賜認為，能夠知道自己的性向與興趣，又能與社會所需結合，是最理想的情況。

回想過去的生命歷程，當時沒有進入半導體產業，是對自己最好的選擇，因為對他來說，想做的是有助改善人們生活、解決人們日常問題的事，而半導體科技所能做到的相對有限。

不過，即使做了出乎意料的抉擇，也擁有內部創業的經驗，但那時的他，對於如何在符合自己理想的前提下經營一家公司，還沒有太具體的概念。

體悟經營企業的意義

「我真正懂得經營企業的意義，是到了職涯中期，也就是擔任孕學林產後護理之家執行長，認識了創辦人劉克健之後，才真正體認到經營企業的意義在哪裡，」李高賜說。

在職涯前期，李高賜一直認為，技術專業才是一切，成立公司就應該要從技術出發，但「劉克健給了我的不同視野，他從哲學、科學、社會學、心理學，乃至於戰略、組織與戰術等，給我極為多元的思考面向；最後，他更勉勵我，以商道思維審視自己的優勢，去思考真正可以改變世界的是什麼，讓我可以持續以這些議題與視角檢視我自己，不斷在職涯領域前進。」

李高賜（前排坐者）擔任孕學林產後護理之家執行長期間，發揮數據分析的專長，協助孕學林提升核心競爭力。

現在的李高賜，對於世界與企業的關係，有了不同的認知：「世界要維持運作，並不需要企業體的存在，因為企業存在本身，就是掠奪與消耗自然資源的元兇；相對，企業若要存在，就必須為這個企業賦予意義與價值，也就是企業的願景能否有效處理環境、社會面臨的諸多問題，甚至是帶來有利的影響。」

李高賜形容劉克健：「於我而言，在事業經營上，他是如同父親般的存在。」

以互補原則找尋人才

「除了家人，我是劉克健一生中花最多時間教導的人；同樣地，劉克健也是我花最多時間學習的人。儘管對我來說，這像是一個追尋『道』的過程，可能永遠無法企及，但我很享受這個篤定感，也讓我有了勇往直前的信心，」李高賜說。

投入孕學林，李高賜乍看只是一位月子中心的執行長，負責管理整體的營運與維護，但事實上，這間月子中心的核心競爭力，是掌握數據分析的技術，也就是透過數據與照護的交叉運作，分析嬰兒的正、副交感神經運作機制，以提升嬰兒的睡眠品質，而一旦睡眠品

質提升，嬰兒大腦的發展也可能變好。這樣的特色，正好成為他發揮所長的最佳場域。

「當時整間月子中心的工作人員，只有我一位男性，」李高賜笑著說，就旁人的眼光來看，自己所投入的產業是相當「跳 tone」的，但也正是他這個特別的選擇，讓他找到事業夥伴——陞訊數據科技合夥人葉文忠。

隨著投入孕學林的時日增加，李高賜有意再深化數據分析的效益，希望能將管理職交由其他人負責，於是找上就讀亞東工專時的同學葉文忠，請他幫忙介紹人才。

「我對他說，想要找一位『座艙長』，」李高賜表示，當時他需要一位能夠擔起管理職，同時又可處理各種大大小小瑣碎事務的人才。因為葉文忠在旅遊業擁有相當豐富的實務經驗，所以李高賜才會用「座艙長」來形容自己的徵人需求。

沒想到，葉文忠毛遂自薦，願意來助他一臂

之力。

「尋找合作伙伴，應該是要『你擁有我完全沒有的能力』，」李高賜談到，他跟葉文忠就是具備互補的特質，加上曾是同學關係，對於彼此的了解相當深入，於是雙方一拍即合，共同在孕學林打拚；之後陸訊數據科技正式成立，兩人更成為事業上的重要合作夥伴。

不願放棄團隊

若要談到陸訊數據科技的成立，不免要追溯到李高賜在陸泰科技的經歷。

陸泰科技的主要業務是安全監控，當時李高賜與他的手機研發團隊要離開原公司時，有兩個選擇：一是投入鴻海懷抱，但團隊必須解散；二是進入陸泰科技，但團隊原有編制還在，大家還能繼續合作。只在兩邊薪資差異不大的情況下，李高賜與團隊決定進入陸泰科技。只是，畢竟陸泰科技已經有自己的人馬，最後團隊依然面臨各分東西的命運。所幸，團隊成員們之後各自都有不錯的發展，而李高賜也在此時迎來創業的兩大契機。

第一個契機，是陸泰科技為了強化客戶服務，成立了一個專職處理安全監控所需的中央管理系統部門，由李高賜全權操刀。這個部門，就是陸訊數據科技的前身。

第二個契機，則是源自李高賜的弟弟在新竹發展智慧城市的案子時，整個建設團隊沒有IT專業人才，於是邀請李高賜幫忙提供意見。經過評估，李高賜認為，與其讓技術能力有限的傳統建商來處理，不如自己成立團隊來接案，因此，決定由陸泰科技旗下部門成立陸訊數據科技來承接專案。

過去，陸泰科技對於旗下子公司，皆握有五〇%以上的股份，唯獨在陸訊數據，僅占四〇%股權，「能有這樣的股權分布，多虧陸泰科技創辦人黃俊儒，他希望讓團隊能有更大的發揮空間，我相當感謝他對我的信任，」李高賜將黃俊儒視為工作職涯的導師，「到現在，我還是固定每兩個星期會與黃俊儒創辦人聊上一、兩個小時，請益公司的經營與人生方向。」

事實上，黃俊儒對李高賜的幫助，除了觀念的引導，也不乏實質的幫助。

「陸泰科技曾創下連續十年每股盈餘（EPS）十元的紀錄，」李高賜直言，他曾借重陸泰科技在財會方面的資源，讓陸訊數據科技

在成立之初，就能減少不必要的行政資源浪費，並且有效控制營運成本。

順從內心，及早找出興趣與性向

「人最怕的，其實是不知道該怎麼辦，」李高賜談到，每個人的一生，都會面臨無數個必須做出決定的時刻，每個人都必須清楚了解自己的原則與志業是什麼，在選擇與執行的過程中才能找到自己的幸福感。簡言之，就是順從自己的內心，尋求一份能為社會帶來價值並與自身興趣結合的工作。

所以，「求學的過程中，就要設法找出自己的興趣、性向，踏出社會後才有機會讓興趣、性向與工作契合，而不會只是為了『錢』工作，」李高賜提醒，「愈是年輕的人，愈不要被所處的環境、家庭等框架限制住自己的認知，而是要讓你的認知突破既有框架。」

李文賜認為，求學時找出興趣，出社會後把興趣與工作結合，就不會只關注錢，而能突破框架，創造錢財以外的附加價值。

他在孕學林的經歷便是如此，一個科技人投入月子中心，乍看之下極為衝突，但他透過數據分析等方式，提升嬰兒睡眠品質，也讓母親能獲得充分的休息，這就是利用他自身對於技術的了解與活用，讓這份工作能夠助人，帶來錢財以外的附加價值。

「它就像是你的原則與價值觀，建立之後，就能讓你的認知不為既有環境所限，並藉此發展出你的個人、工作、家庭與朋友等各種面向的生活，」李高賜強調，「能夠做到，就是找到自己人生的指南針，才有突破框架的可能，否則只能在人生中不斷搖擺，也很難體會到真正的快樂或幸福。」

這是李高賜憑藉過去求學與工作歷程所淬煉出的總結。他相信，了解自己、確立自身方向，才能在人生的道路上盡情發展自身能力、拓展更宏觀的視野，為自己，也為這個社會，創造更多的價值。

文／姚嘉洋．攝影／黃鼎翔．圖片提供／李高賜

不怕改變

葉文忠

陸訊數據科技合夥人

活用人脈，拓展新事業版圖

他個性內向，卻成為旅遊業的領隊；年近五十卻選擇放下，挑戰中年轉業。戴著眼鏡，謙和溫潤的面容下，埋藏著一顆勇敢的心。

從同學到一同打拚事業的商界故事，其實屢見不鮮，尤其在台灣科技產業中，更可說是家常便飯。葉文忠與李高賜兩人在亞東工專夜間部成為同學，之後，葉文忠憑藉著細膩、樂於分享的個人特質，加上曾在旅遊業與多種不同職位的歷練，淬煉出優異的管理與後勤支援能力，他成為李高賜的合夥人，同時也是陞訊數據科技董事李高賜在中年創業初期，不可或缺的重要戰力。

一個月打工加班超過上百小時

葉文忠的家裡一共有三個小孩，他排行老大。國小六年級那年，父母離異，從此，為了分擔家計，他自高中開始，就過著白天上課、晚上打工的日子，曾經做過傳單、工廠作業員、餐廳服務生等工作。暑假期間，則是到大同公司打工，一個月的加班時數更高達一百三十小時。

在這種情況下，不難想像，葉文忠的求學之路並不是太順遂。報考高中時，分數出來後，各校採取現場報名制，但沒有人提醒葉文忠，結果他錯過了各校日間部的報名時間。考量成績等因素，最後，松山工農夜間部變成他的唯一選擇。

葉文忠（左）和李高賜（右）是亞東工專時期同班同學，經常交流筆記學習，埋下日後合作的伏筆。

「當時被家人罵得半死，」葉文忠苦笑說，家人擔心他如果去念夜間部，白天無所事事，可能會浪費時間或變得懶散。幾經思考，家人建議他就讀三極高級工業職業學校（簡稱三極高工。立人高級中學前身）。

三極高工是一所私立學校，所幸當時葉文忠憑藉打工積攢的存款，還能負擔得起。只是，「那是一間幾乎都是流氓的私立高工，」他笑著說：「入學時，全校只有十個班級，跟大多都是流氓的同學相較之下，比較愛念書的學生就顯得有點異類了。」或許也正因為如此，後來他以第一名畢業，但他笑著補了一句：「當時三年級只剩下一個班，全校總共剩五個班級。」

就學環境不理想，沒有澆熄葉文忠愛念書的渴望，反倒是經過這段歷練，讓他對自己有了更清楚的認識：「我發現自己不愛偏重背誦的科目，比較擅長數據分析和理工等相關領域。」除此之外，在當時，亞東工專是私校工科中最好的學校，而且他已經在旅遊業工作兩年，對於金錢運用較有餘裕，因此決定進入亞東工專電子工程科的計算機組夜間部就讀。

就讀亞東工專夜間部，許多同學都是白天上班、晚上上課，葉文忠也不例外。只是，多數同學都是從事電機電子相關領域工作，唯獨他是在旅遊業，讓他再次成為同學眼中的「異類」。

挑戰與個性不合的工作

為什麼會如此選擇？

「其實是因為家人，他們知道我個性比較內向，覺得我如果再去做理工類的工作，可能會更孤僻，所以希望我去找一些比較能夠與人接觸的工作，於是（透過朋友介紹）進入旅遊業，」葉文忠說：「我清楚自己的不足，也覺得這類工作不錯，於是，就到旅行社負責外務的項目。」

與個性反差那麼大，能夠適應嗎？

「一開始的確有些不適應，尤其是要面對直接客戶的業務與領隊工作，但是硬著頭皮去做，還是可以克服的，」葉文忠淡淡說著，他如何一步步適應旅行社的工作型態。

不過，凡事都有一體兩面。葉文忠直言，適應的過程雖然辛苦，卻有不少收穫，他笑稱：「我有領隊執照，可以免費周遊列國並增廣見聞。」

當然，這只是一句玩笑話，其實他十分認真看待自己的工作：「隨著時間推移，我漸漸感受到旅遊業是一個能夠幫助別人的行業，在跟客戶的互動過程中，能夠帶給客戶快樂，自己也能樂在其中。」即使到現在，他當時在旅遊業服務的客戶，都還有保持聯絡。

用週末整理一週的課堂筆記

旅遊業帶給葉文忠的挑戰，除了突破自身個性之外，還有時間分配問題。

葉文忠回憶，當時他在旅遊業服務的地點位於台塑大樓一帶，距離座落板橋的亞東工專，騎車需要一個小時，所以當他抵達教室時，通常已經是第二堂課開始的時間；再加上是夜間部，課堂上老師對於學生的管理較為寬鬆，有時太累了，他會趴著聽課，稍解疲勞之感，但他並未睡著，而是盡可能記下老師所說的內容。

「我知道自己所就讀學校的程度，加上白天在旅遊業服務，不像多數同學是在相關領域工作，對於晚上的課業勢必要加倍付出心力，」葉文忠活得相當明白，對於自己的不足有十分清楚的認知。

為了讓學期成績能夠過關，他會在週六、週日重新整理一次星期

一到五在亞東工專每堂課所寫下的筆記。果然，努力沒有白費，第一次期中考試時，他獲得了第三名的成績。

甚至，葉文忠這個筆記的習慣，也在他的職涯中產生重大影響：「我習慣記下與客戶之間互動的人、事、時、地、物，不論是做業務或擔任主管都是如此，後來某次公司發生了很重大的事件，就是靠著當時的記錄習慣，讓事情得以順利解決。」

做好準備，才有接球的可能

在亞東，葉文忠一路從工專念到二技在職專班，長達五年時間，葉文忠整理出一本本的課堂筆記。也正是因為他的成績出色，班上有八、九個同學開始跟他借筆記來看，大家彼此交流，其中包括以第一名畢業的李高賜。

「在眾多同學的筆記中，以葉文忠的筆記最

時任亞東工專電子工程科副教授的蕭如宣（第二排右四）是葉文忠（第二排右二）的導師，不但讓他熱中於學習電子知識，甚至促使他往資訊業發展。

為詳細，從這地方不難窺見他的細心之處，」李高賜坦言，這應該算是他日後與葉文忠合作的伏筆。

機會總是留給準備好的人。

當時，葉文忠與李高賜同樣遇上了電子工程科副教授蕭如宣，而葉文忠又更幸運些，因為蕭如宣是他在亞東工專時期的導師，對他留下相當不錯的印象，於是在他工專畢業後不久，就接到蕭如宣的電話，詢問他是否有再進修的打算，所以他後來又考進二技在職專班（等同大學學歷）深造。

葉文忠回憶，蕭如宣會要求班上一學期舉辦一次郊遊，也讓同學帶家人一起參與，藉此凝聚班上的感情：「蕭老師讓人打從心底知道，他是一位教學認真的老師，學生也很喜歡聽他上課，因為我們都知道，他是真心為學生著想。」

蕭如宣的熱忱，讓原本就好學的葉文忠深受感動而更喜歡學習，更讓他以第一名的成績從二技畢業。

工專畢業之後，葉文忠與李高賜走上不一樣的發展路徑，從旅行業正式轉進資訊業。

轉換跑道的原因，是與他在同一間公司上班的妻子。

「她鼓勵我可以轉換跑道試試，分散外部環境影響所帶來的風險，畢竟夫妻都在同一個產業，萬一大環境不佳波及到旅遊業，同時被裁員，那就相當麻煩，」葉文忠回憶，很巧合的是，先啟資訊（當時被稱為Abacus）需要同時了解旅遊業與資訊技術的相關人才，而他之前就在旅行社累積相當豐富的經驗，加上有亞東工專的學歷，葉文忠就正式往資訊相關領域發展。

人脈發酵，成為職涯轉捩點

二〇〇〇年，葉文忠進入先啟資訊，一待就是二十年，經歷過業務員、客服經理、業務經理、管理系統經理乃至於企劃經理等多項工作。原本，他以為自己會在這份工作上一直做下去；沒想到，二〇一九年年底，全球爆發新冠肺炎疫情，重創旅遊產業，而先啟資訊的業務是以旅遊業的ＥＲＰ系統開發與維護為主，這在他的職業生涯中敲響一記警鐘。

幸運的是，早年累積的人脈，在此時發揮作用。

當時，李高賜在孕學林工作，需要找尋一位具備「座艙長」特質的人，在他的心中，座艙長必須細心、善於與人們互動，以及具備豐

葉文忠（右四）勇敢挑戰不同工作。進入先啟資訊後，一路歷練業務員、業務經理、企劃經理等職務。

富管理經驗，於是他找到葉文忠，詢問對方是否有合適人選，而葉文忠半開玩笑地回答：「你找我就好啦！」

李高賜思考之後，也覺得是個好主意，還挺訝異自己居然沒想到。後來，他邀請葉文忠見面一談，也邀請了孕學林暨寶舖建設創辦人劉克健，分擔李高賜大多數的行政管理、業務與軟硬體設備維運等重要項目。

年近半百勇敢轉業

這時，葉文忠已經接近五十歲，「我在先啟的年資已有二十年之久，其實已經達到領取退職金的標準，但換個角度來看，如果想在工作職涯做出不同的調整，現在若不把握，未來恐怕再也沒有機會。」沒有思考太久，葉文忠便毅然辭去先啟資訊的工作。

做出這個決定，並不只是因為渴望改變，而是經過思考的取捨。葉文忠在先啟資訊累積的經驗，剛好可以在孕學林派上用場，像是行政管理所需要的標準作業流程（SOP），就是他一手建立的，這又間接強化了他與李高賜的工作默契，在李高賜正式成立陞訊數據科技後，他也以合夥人的身分，成為李高賜更緊密的工作夥伴。

在陸訊數據科技，兩人專業分工，李高賜負責業務開發，葉文忠則是處理後勤、文件資料標準化與標章顧問等工作，協助業主檢視建築的五大管線、弱電監控的規劃與設計，最後讓該建案可以實現智慧建築標章或是綠建築標章等目標。這些事務內容相當龐雜且繁瑣，但憑藉葉文忠在數據與資料整理的能力，協助客戶完成這些工作已經游刃有餘。

從學生時期開始累積資源

對於現在的成績，葉文忠滿意嗎？

「對別人而言，可能算不上是什麼成就，但對我而言，已經很滿足了，」他帶著笑容，謙虛地說：「我的人生之所以可以這麼順利，全賴我的周遭有許多好朋友，包含同學與老師。」

有了這樣的體悟，他也提醒年輕人，在求學過程中盡可能與同學、師長好好相處，說不定未葉文忠（右）感念許多好朋友如李高賜（左）的協助，讓他能夠在年近五十之際，開創新事業成就。

來就有可能成為職涯上的重要助力，就像他本身也從未想到，在亞東工專畢業後的二十年，李高賜會找上他一起創業。

不過，總結來看，更重要的關鍵，或許是葉文忠本身樂於分享、細心的個性，在無形中贏得許多信任，讓他能在年近五十之際，於人生職涯中上演一場華麗轉身的戲碼，而這場戲才正要開始。

文／姚嘉洋・攝影／黃鼎翔・圖片提供／葉文忠

春

打破傳統

林書任

春秋養生執行長

創造別人沒想過的商業模式

從夜市起家到立足百貨公司，
林書任結合房仲專業，提升按摩事業經營規模，
不但創造出差異化優勢，
更期望帶動產業轉型，重塑社會價值。

林書任（左）退伍後即投入房仲業並賺進第一桶金，而這段經驗讓他學到如何掌握物件特色、溝通等能力，對他往後投入按摩業經營幫助很大。

夜市是台灣的特色，不僅可以沿路踩街，享受小吃美食，逛累了、腳痠了，還可以到位於夜市尾的按摩店進行腳底按摩。

現在，腳底按摩不僅立足於夜市，在光鮮亮麗、人潮聚集的百貨公司，也出現旗艦版的足底按摩會館。

按摩業的後起之秀——指舞春秋，二〇〇七年在台北通化街夜市開出第一家店，立足通化商圈；幾年後，引領業界之先，在二〇一五年年底，進駐板橋車站環球購物中心，成為第一家設立於百貨公司的中式按摩館，也是公司經營策略調整的示範店。而在指舞春秋旗艦館，偶爾會看到一位年輕人在櫃台跟按摩師聊天。這個人不是客人，他是經常巡店的春秋養生執行長林書任。

從挫折中學習成長

林書任今年（二〇二三年）尚不到四十歲，但細數他的工作生涯，卻有不少戲劇化的故事。

在單親家庭長大的他，看著母親獨力支撐家計，從小就知道要分擔母親的經濟重擔，因此，腦筋靈活的他同時開源與節流——一方

面，利用求學的空閒期間，幫同學或朋友代購玩具；二方面，為了省錢，在亞東技術學院就讀期間，當同學都騎機車到學校上課，他卻是從永和住家騎腳踏車到學校。

也正是基於經濟壓力的考量，雖然念的是工業管理系，在退伍後求職時，剛好看到住家附近的房仲公司，張貼每個月薪資四萬元的廣告，林書任坦言：「高薪對我是很大的誘因。」

不過，他補充：「小時候喜歡玩大富翁地產的桌遊，再加上曾做過代購服務，我認為，自己很了解這個產業的運作模式，應該可以很快上手。」

沒想到，現實給了林書任一記重擊。

二〇〇九年，林書任加入房仲業，原以為只要夠勤快就可以把工作做好，因此，剛開始的兩個月，他努力帶客戶看房子，卻忽略了房仲業是高度專業的服務業，導致原本有望成交的一組客戶，卻在最後進入買賣的行政流程時，因為他無法解決對方的疑慮而功虧一簣。

痛定思痛後，他主動要求從高獎金的高級業務專員轉為有底薪但低獎金的一般專員，接受公司安排的教育訓練，學習房屋交易的行政程序、了解房價趨勢等專業課程。重新打好基礎之後，再加上恰逢房市熱絡，他在踏入房仲業的第一年，就賺到人生第一桶金。

幫自己轉換跑道，為公司開創新局

「當時多是一手屋主，他們早年購屋成本低，行情一千萬元的中古屋，屋主以五、六百萬元售出就有獲利，」林書任形容當時市況繁榮的程度，曾經一天之中，某間房屋上午完成購買交易，下午又再次售出。

然而，房市大好，卻敵不過政府的一紙政策。二〇一一年六月，「特種貨物與勞務稅」（俗稱奢侈稅）登場，政令一出，房屋交易量驟降，房仲業如臨寒冬。

「奢侈稅實施後，房仲加盟店平均約每兩個月收掉一間店，」林書任細數他所在中永和地區的景況，在生計考量下，開始萌生轉換跑道的念頭。

當時，房仲公司的長官跟林書任同時決定轉職，後來這位長官更居中牽線，讓林書任接觸到指舞春秋創辦人馬仲良，適逢對方希望擴大公司規模並建立標準化與流程管理，正好符合林書任在亞東技術學院所學，雙方很快建立共識。

「工管出身的人都很關心製程，因為建立標準化流程才能建立品管制度，」林書任直言，儘管當時他不懂按摩業，但建立流程卻是他的專長；甚至，隨著接觸日深，他發現，按摩業與房仲業有異曲同工之妙。

林書任解釋，房仲的顧客分為屋主和買方，仲介人員主要的工作，是了解房屋物件特色、買方需求後進行配對，媒合成功就有獲利，「按摩業也是一樣，客人會有按摩的項目需求，像是性別、技術、時段等，門市人員就要配對按摩師傅和顧客，只要媒合成功數量愈多，獲利就愈大。」

這個發現，讓他決定將房屋仲介的獲利模式轉換到按摩業，為公司創造一種新的營運模式：「公司可以把自己當成一個媒合平台，主要的業務目標就是幫按摩師仲介客人。」從此，他對公司的營運前景大為看好，決定投資按摩業，便在二〇一三年正式加入指舞春秋經營團隊，出任執行長一職。

為什麼那麼有信心？

「我覺得當時自己應該算是『降級打怪』，」林書任笑稱，相較於媒合架構發展多年的房仲業，按摩業還有許多創新空間，「我只是從林書任（左）從使用者需求出發，規劃服務與按摩師培訓系統，就連消費者對按摩師的評價設備安放位置，都特別用心。

原本的媒合不動產變成媒合按摩服務，自然比其他人更駕輕就熟。」

眾人反對，他也要做

不過，「降級」的過程，曾經引起一些反對聲浪。

「一般人總覺得按摩業的進入門檻低，誰都可以做，不需要念太多書，」林書任坦言，相較於從西裝筆挺的房仲業轉換到按摩業，包含家人、學校老師，都曾有過一些意見。

他的母親直言：「你一個大學畢業的學歷，怎麼會去做按摩業？」還揚言要他搬出去。

「我剛從房仲業轉換跑道時，的確有一段時間感覺徬徨，」林書任坦言，除了母親的反對，當他回母校詢問師長意見時，也有老師持反對意見。不過，師長最後支持他的抉擇，還透過人脈，幫忙詢問業界狀況。

有了師長的鼓勵，林書任更加相信，自己正在做對的事，毋須過分在意他人眼光。

「機會有幾個階段——看不見、看不懂、看不起、來不及，」他引用馬雲的話，強調那是經過審慎思考後的決定，尤其，「按摩業也

有它的專業，我在做的，就是掌握大家還『看不懂』的時機點。」

對林書任來說，如果一般人認為按摩業的門檻不高，他就能在多數人對這一行還「看不懂」、「看不起」的時候，建立讓大家日後想要分一杯羹也「來不及」的門檻。

到現場找答案

所謂「隔行如隔山」，房仲業和按摩業的消費族群終究有所不同，想要跨領域建立門檻，有那麼簡單嗎？面對這個問題，林書任謹記師長的一句話：「管理的答案在現場。」

為了解顧客特性與需求，他每天到門市站櫃，既可跟消費者接觸，也可以與按摩師交流，同時也利用這段時間進行門市顧客問卷調查。這一站就是十六小時，並維持半年之久。

多管齊下，踏入按摩業三個月之後，林書任

就發現，這一行要做得好，除了按摩技術，服務應對也很重要。因此，日後在設計按摩師訓練架構時，所規劃的模式就是一半教授技術、一半是傳授應對的技巧，並發展出一套完整的按摩師培訓系統，依按摩師學習狀況及正式上工後的市場反應，持續調整、優化。

「師傅從奉茶、顧客換拖鞋開始，到泡腳、按摩、送客，我們將服務細分為十五個步驟，確保客人任何時段來，均能享有一致的服務，這也是業界首創，」林書任舉例說明。

結合跨領域專業

雖然事業發展有成，但林書任漸漸感到，面對多變的市場，自己的專業知識似乎有所不足，開始有了回到學校進修的想法。

「我當時追求的是專業，不是名分或交朋友，所以第一個選擇就是亞東，」他指出，考量到當時的亞東科技大學師生比相較於許多國立大學來得高，老師比較能照顧得到學生，於是在二〇一七年重回母校，攻讀行銷與流通管理系碩士班，論文就是以台灣按摩業為例，研究《消費者的購買過程、喜好對於消費金額之影響》。

林書任研究發現，如果想要提高消費者的消費金額，就必須讓他們認為按摩能提高生活品質、對於健康是必要的，且在按摩過程中能夠享受並體驗樂趣，就有機會促進消費者多次消費。

當實務與學理結合，在訂立按摩店經營方針時，他變得更加重視如何在服務前後強化按摩對於健康必要性的宣導，以及設定機制，例如：有消費就贈送點數，增加顧客消費頻率，同時有助於拉高消費的金額。

從管理學角度與曾經從事房仲業的經驗切入，林書任對於按摩事業的認知可能和其他經營者不同，他採取「多邊平台商業模式」經營按摩業——對公司而言，按摩師也是消費者，企業的角色只是建立一個平台，媒合按摩者及想要按摩的客人。

在林書任的規劃下，指舞春秋以市場調查與分析獲得的數據為基礎，釐清顧客需求之後，開始動態調整經營策略及行銷戰術。其中，最顛覆以往經驗的，就是調整顧客占比。

譬如，以往認為「觀光客」是按摩業的重要收入來源，尤其指舞春秋的「起家厝」位在台北市通化街，臨近通化夜市，觀光客人潮眾多；然而，數據分析結果卻顯示，在地客帶來的營收效益，遠大於一年可能只會來一次的觀光客。因此，指舞春秋於二〇一三年在

林書任定期舉辦教育訓練，希望可以加強按摩師的能力，提升服務顧客的品質。

Facebook成立粉絲專頁，希望利用社群與推播，吸引更多的在地客。

不過，這項業界創舉曾引來資深按摩師嘲諷：「做按摩的也要有Facebook喔？像是電腦也會篩選花生嗎？」事後證明，目標客戶調整後，吸引的不僅是觀光客，在地客、回頭客的需求也很高，後來更意外化解二〇一六年之後，陸客驟降帶給按摩業的衝擊。

發揮房仲精神，被拒絕也不放棄

逃過陸客雪崩式下滑的衝擊，卻沒有逃過二〇二〇年那一場史無前例的挑戰——新冠肺炎疫情。除了政府明令停業期間的收入為零，復業後的狀況也一度慘澹，只剩三成客人。

林書任回想，疫情爆發的第一年，國內防疫成績良好，大家都很有信心；本土疫情出現後，第一次停業兩週，大家仍然樂觀認為：兩週內可以清零，不久就能恢復正常生活；沒想到，接著又停業兩週。

「好像怪怪的，」林書任記得，當時他感到不對勁，馬上跟股東溝通，接下來就展開一連串「東奔西跑」的歷程。

按摩業的兩大成本支出，一是店租，一是人事成本。配合政策而停業，收入掛零，但店租還是需要支出，為了生存，他開始積極接洽房東。

疫情突如其來，雙方議約時並沒有降租條款，林書任先是傳訊息給房東探詢是否降租，但某位房東第一句話就是「不可能」，接著說「照合約走」，而且為了防疫以減少接觸，對方也婉拒當面拜訪。

雖然被打槍，林書任並不放棄，發揮當房仲業務時鍥而不捨的精神，等待兩週之後，便親自上門拜訪堅不降租的房東，「我告訴房東，如果我們撐不下去的話，只好選擇關店。」一席話，暗示房東如果不降租，對雙方都沒有好處，最後，房東果然同意降租，達到雙贏的局面。

因應後疫情時代，調整經營策略

新冠肺炎疫情持續三年之久，重創許多餐飲旅遊業，按摩業也同樣受創。指舞春秋在全國有九間直營店、十二間加盟店，雖然都未關店，但是為了因應後疫情時代，許多經營策略必須調整。

二〇二一年，停業兩個月的指舞春秋復業，卻發現「消費行為改變，」林書任指出，民眾對於需要面對面接觸的場館抱有疑慮，來店人數掉到只剩三成。

面對這種情況，相較於部分同業降價促銷，指舞春秋則是維持原價，但主打防疫安全相關宣傳，訴求顧客可以安心消費。此外，為了提升顧客黏著度，他做了兩大變革：

第一，透過多元通路綁定顧客消費，並在消費次數上給予優惠，重新拉回消費頻率及建構消費習慣。

第二，從二〇二二年開始，原本實體店面的媒合功能，預計在兩年內移往線上作業。

「過往指舞春秋以現場客占多數，但我們在北部的品牌知名度足夠，可以藉由線上預約，減少按摩師在現場空等客人的機率，」林書任說，這也是為第三項策略調整做準備。

隨著疫情逐漸平息，消費需求回暖，按摩業卻跟餐飲旅宿業同樣面臨缺工窘境。

為此，林書任再度啟動調查機制，希望找出吸引年輕人加入的誘因。最後，訪談結果顯示，年輕人重視工作彈性，喜歡自主性高的工作，可能今天從事按摩業，明天則擔任外送員。

因此，他的第三項經營策略調整，就是調高預約比例，透過後台進行事先調度，讓按摩師在有客人預約時再上工即可。

群策群力，繁榮共好

踏出社會的第一份工作是房仲業，再到按摩業擔任經營者，人生跑道看似跳躍，林書任直言：「我其實沒有什麼遠大的抱負和理想，出發點都只是求個溫飽。」然而，正是因為怕「餓肚子」，他不斷鞭策自己。雖然年紀輕輕就掌管數百人，但他待人謙虛，因為他領悟到，「光靠自己的力量不夠，必須在社會上群策群力，才能獲利。」

尤其，「原以為房仲業務是最底層的服務業，投身按摩產業後才發現，原來還有更弱勢的一群人，」林書任感慨：「按摩師的職涯不長，平均年資只有十五年，退休沒保障，職業傷害也不少。」

為了讓事業能夠永續發展，林書任認為，必須從政府政策著手，才能翻轉按摩產業的劣勢。例如，現行按摩師是綁定傳統整復推拿技術士證照，他則致力推動改為就業證照制，並納入追蹤管理，避免以往沒拿到技術士證照卻來從事按摩業的人出現，造成按摩人員良莠不齊，影響顧客觀感。

另一方面，在擴大指舞春秋的版圖上，現有的十二間加盟店多是由股東介紹的朋友加盟，並未收取加盟費用。因此，林書任規劃，

總是與按摩師站在第一線的林書任（右三），透過採用多邊平台商業模式、嶄新的經營方針，翻轉外界對按摩業的刻板印象。

未來拓展加盟店時，公司應該要提升自己的價值，例如：幫加盟主招募、教育訓練按摩師，收取管理費，相對來說，開店時收取的一次性建置費用，則能少收就少收，降低加盟者進入產業的阻力，讓指舞春秋品牌快速擴散，也藉此創造更多就業機會。

投入按摩產業超過十年，林書任總是站在第一線，為公司開創許多有別於傳統按摩業的新模式；未來，則是希望還能夠實現自己的理想，翻轉外人視按摩業為「暗摸摸」、傳統產業的刻板印象，讓這個產業成為具有流程管理、標準化的服務業，「一旦產業繁榮，就業機會就會增加，客人也能獲得滿意的服務，等於是為社會創造三贏。」

文／林惠君・攝影／黃鼎翔・圖片提供／林書任

第三部

人文共好

珍視傳統文化、引入活水刺激，
在跨領域的舞台上，展現多元化優勢，
構築出共享共榮的永續願景。

亞東科技大學

盡心竭力

黃茂全

亞東科技大學校長

學校多做一點，讓社會更好一點

引入多元刺激，營造創新的校園服務文化。
黃茂全不僅說，更親身實踐，
因為他相信，
全體同仁多做一點，就可以讓學校和社會共好。

黃茂全（前排中）積極推動國際交流，希望讓亞東科大成為跨國人才培育基地。

亞東科技大學校長黃茂全給人的第一印象，是精力充沛，時刻不得閒。因為身材高挑瘦削，更顯得他身上西裝的寬鬆，走起路來自帶一種風風火火的俐落氣場。

細數學校大小事

這位一校之長，對學校大小事瞭若指掌。

走過行道樹時，他提醒我們抬頭觀察樹上碩大的台灣藍鵲鳥巢；到操場邊拍照時，他想起某天看到工友割草，因為好奇而親自操作手推式割草機，沒想到回頭一看，草全是歪的，他幽默自嘲：「可見做何事都需要專業。」

就連攝影師請他抬頭看遠方，他也指著亞東醫院分享，晚上下班經過時看到病房的燈全都亮著，讓他感受到身體健康的可貴，也期勉自己與學校老師趁有能力時多做一些事。

校園中舉目所及的一草一木、一磚一瓦，黃茂全都能細數背後的歷史及故事，不難看出他對學校的用心之深。正是這種巨細靡遺的勤勉精神，讓他帶領的亞東科技大學無懼少子化衝擊，不只完成技術學院改名為科技大學的目標，也持續增進學校能量、發展自我特色。

工作力爭上游，重返校園深造

黃茂全自認從小成績平庸，但出於學得一技之長更利於就業的務實考量，他沒有進入家鄉的彰化高級中學就讀，而是選擇隻身北上進入大安高級工業職業學校，之後在全國僅有少數幾所二專的情況下，考入當時的亞東工專紡織工程科。

亞東工專畢業後，正逢台灣紡織產業起飛，他進入日商信華毛紡公司染整部。「當時景氣很好，每年調薪幅度一〇%至二〇%並不稀奇，年終獎金更高達四個月，」黃茂全回顧欣欣向榮的盛況。

因為工作勤勉，黃茂全很快擔任值班領班，但是也幾乎費盡身心——需要輪班，每天工作經常超過十小時，有時候兩週才能放一天假；就連休假，也不斷在思考如何改善流程、提高產能及良率。

為了習得一技之長以利就業，黃茂全（右二）放棄一般高中，選擇進入技職體系，考入亞東工專紡織工程科。

他搖頭：「好像永遠無法分清楚上班或下班……我進公司兩年多，體重掉了將近十公斤。」

日以繼夜處於高強度的壓力之下，心中另一個聲音愈來愈明確：「也許應該選擇另一種生活方式……」黃茂全決意為自己另闢新路，重返校園。在獎學金的支持下，他在台灣科技大學纖維工程學系一路完成大學、碩士及博士學業。

服務母校，教學與行政歷練完整

黃茂全拿到碩士學位時，恰逢八〇、九〇年代台灣高等教育蓬勃發展之際，需要大量師資。他在一九八六年回到母校亞東工專服務，一待就是三十七年。

相較於永不停轉的生產線，黃茂全的教職工作一週只需要授課十二小時，學生素質也極為平均，不需要耗費太多心力管束。然而，過於清閒的生活，讓他有些不適應：「我過去在工廠養成凡事追求更好的習慣，到了學校，也忍不住一直想，有哪些地方還可以用於教學。」在二專時代，學生人數不是問題，學校的任務只著重在教學，而研究、服務與輔導的工作則不受重視。直到教育學者孟繼洛擔任校

長期間，才迎來轉機。

「有一天，孟校長找我過去，」黃茂全回憶，「校長說，他翻了三遍人事手冊，每次都在我的資料頁面停留，因為他很疑惑，全校教師中，具有博士學位的人只有少數幾位，而我是其中之一，為何不出來服務？」兩人相談甚歡，孟繼洛肯定：「你就是我要的人！」

自此，黃茂全在教授身分之外，陸續兼任實習就業輔導室主任、創新育成中心主任、校長室特助、技術合作處處長、學務長、副校長、代理校長，直到二〇一六年接任校長一職。

推廣「多做一點」文化

黃茂全總是認為，有機會服務就要全力以赴，「尤其這是我的母校，我希望她愈來愈好。」

相較於只需要對學生負責的教職，擔任行政職則必須付出更多心力與時間，「有時候缺乏預算，還要主動想計畫，向教育部、校友、合作廠商爭取經費，」但是對黃茂全而言，經費事小，最令他頭痛的是有些同仁「小蝦米對大鯨魚，敵不過公立大學」的消極心態。

黃茂全記憶猶新，二十多年前他在國際會議廳舉辦活動，卻連想

為了強化學生專業能力，黃茂全（中）對實作設備的投資毫不手軟。

懸掛活動布條都有困難，因為管理單位要求不能破壞牆面，所以不能使用鐵釘固定。最後他只好克難地用釣魚線固定布條，心想：「啟用十多年來都不輕易讓人使用，當然看起來像新的一樣！」

於是，他當上校長後，第一件事便是放寬各種有形、無形的限制，歡迎外界交流。

「以往學校有時過於保守，認為外人最好不要進來，學校比較省事，」黃茂全卻告訴同仁：「外人都不進來，這間學校就沒有活力。」他要求各處室必須敞開大門歡迎訪客，也陸續向校外人士開放體育館、操場、圖書館等資源，對社區、校友、關係集團企業及高中職開放服務，為的就是從源頭引入活水刺激，營造積極創新的服務文化。

以身作則，重塑積極進取校風

黃茂全銳意進取的領導風格，一開始也曾經遭受教職員挑戰。「可以堅持多久？」黃茂全表示，無論是他在學校推行的改革，或是改名科大的努力，有時候會受到質疑，也難免有人會抱著應付的心態。

但他以行動證明，自己是「玩真的」。

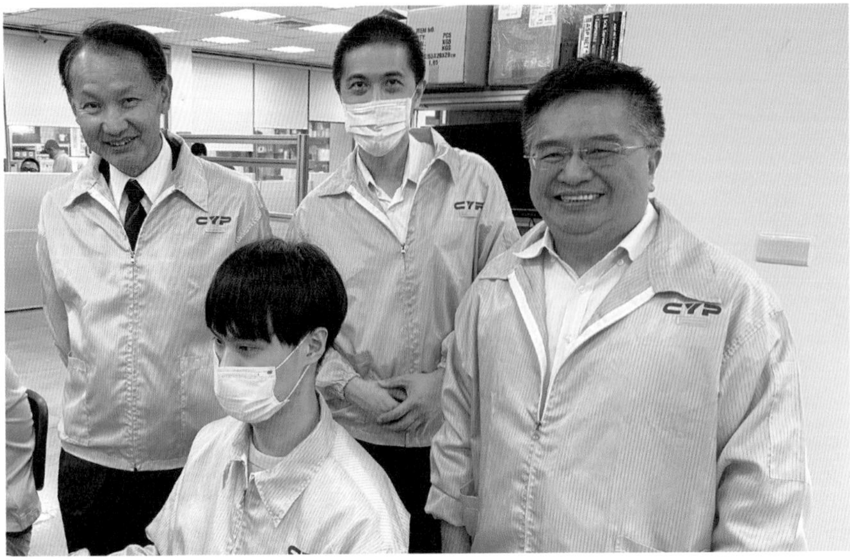

譬如，每次會議，黃茂全都認真追蹤前一次定下的待辦事項，直到同仁確實認真執行。久而久之，全校都知道這位校長說出口的要求或請求，都必須全力以赴去落實。

文化建立不易，黃茂全更懂得自己需要以身作則，才有機會獲得團隊的信任。因此，他積極參加教育部各項會議，以及在校園各處走動，觀察是否還有需要解決的問題；老師們的婚喪大小事，他也盡量親自參加。

「事無大小，只要跟學校有關，都值得去做，」黃茂全說。

也許是他努力不懈的潛移默化，亞東科大校風煥然一新，「服務型」的校園文化逐漸形成，愈來愈多同仁主動加入，將學校當成自己的事業一樣盡心投入。

有一次的農曆大年初三，黃茂全在學校巧遇清潔人員，對方表示在家待久了有些無聊，所以西柏科技提供給學生實習職缺、分享業界資訊，和亞東科大有密切的產學合作交流。圖為黃茂全（左一）和西柏科技總經理許東山（右一）。

決定到學校清潔環境，「那時候我就知道，這間學校有希望了。」

創造舞台，提升自信

隨著社會變遷，少子化難免為學校永續經營帶來挑戰，但因為有來自遠東集團的支持，再加上學校積極爭取教育部的獎勵補助款，亞東科大的可用資金相對充裕，「我們要想辦法創造跨領域的舞台，提升老師和學生的能量、信心，」黃茂全苦思如何為亞東科大創造「小而美」的定位與特色。

其中一個方向，便是結合集團內涵蓋食、衣、住、行、育、樂等多元事業體的優勢，加快產學合作的速度。

例如，有一年，亞東醫院與學校合作一場座談會，雙方因交流而迸出火花，後續便由資訊管理系、通訊工程系及醫務管理系組成專案小組，為亞東醫院製作鼻竇炎動畫影片。相較過往醫師使用照片說明病情、病人仍然一知半解的情形，新的做法大幅提升醫病關係與服務品質。

不過，在成果落實之前，也歷經許多陣痛磨合。

黃茂全解釋，因為醫師工作繁忙，不僅會議地點往往需要安排在醫院，醫師也偶有因為看診而遲到，老師難免抱怨。此時，他便會耐心安撫老師們的情緒，苦口婆心地說明，若缺乏醫院臨床實驗的數據回饋，學校的研究發明成果也難以發揮影響力。

「現在，雙方已經建立合作默契，不會再抱怨了，」黃茂全笑著說，因為合作成效不錯，前幾年亞東醫院院長邱冠明上任時，特意前往學校拜訪，主動提出希望持續串聯醫院和學界資源，共創更多健康照護與智慧醫療研究計畫。

如今，亞東科大已經與亞東醫院、亞洲水泥、遠傳電信及遠東新世紀等集團企業，共同發表許多作品，例如：資訊管理系學生為亞洲水泥設計出「智慧戰情分析與管理平台」，將繁複的數據轉換成視覺化圖表，可即時洞察、監控績效；工商業設計系則巧妙融合亞洲水泥品牌意象及蝴蝶復育特色，為亞泥生態園區設計夜燈文創商品，獲得各界好評。

而這些合作之所以能夠發生，都有賴黃茂全穿針引線，「你可以鎖國，都不跟別人來往，也可以選擇走出去，跟大家一起整合資源。」每當他收到合作企業回饋「你們的學生真厲害」，便感覺一切的付出都值回票價。

全力爭取改名為科技大學

亞東工專曾是全國第一所私立二專，在高教改革浪潮中，於二〇〇六年開始籌備升格科技大學相關事宜，但因校地面積未達教育部規定的門檻，一直未能通過科技大學申請案。

眼看其他學校紛紛升格改名，黃茂全心中非常失落，因為背後牽涉到招生名額、外界形象、教育部獎勵補助款，以及全國私立技專校院排名成績。最關鍵的影響，便是國際招生的成效。

黃茂全解釋，雖然當時的亞東技術學院在台灣排名屬於前段班，但是對中國大陸、馬來西亞及印尼等國家而言，一聽到「技術學院」，便會聯想成二、三流的後段班學校，難以吸引優秀的僑外生；幾年前，中國大陸技職教育團到台灣參訪，「那邊的校長甚至懷疑技術學院名片的價值有多大……」黃茂全有些悵然若失，但要帶領學校完成升格的意志，也更加堅定。

他記憶猶新，教育部曾於二〇一〇年到亞東技術學院訪視改名各項準備工作，但除了校地面積問題，教育部還提出一百多項的待改進事項。

「期待亞東科大持續為產業及社會培育更多科技人才」是黃茂全的展望，因此，他積極帶領全體師生與各界保持合作。

「這麼多問題怎麼辦？我只能去拜訪當時的技職司司長，循線找到各科科長，最後才能找到各項業務的承辦人，了解該如何具體改善……」黃茂全從抽屜拿出一大疊名片，每一張名片，都是他為了改名科技大學，親自拜訪過的窗口或貴人。

好不容易才改進教育部提出的缺失，同時也在樹林及板橋找到合適的校地，讓他看到升格的一線曙光，二〇一七年，亞東技術學院再度向教育部申請改名，卻因為土地使用分區為非文教用地，申請案又被退回。

實現七萬校友的心願

波折不斷，但黃茂全始終沒有放棄。

皇天不負苦心人，在一次大學校長會議中，黃茂全偶然得知華夏科技大學（簡稱華夏科大）在淡水校區有其他未使用的文教用地。

「我當下就覺得，機會來了！」黃茂全迅速與華夏科大向教育部呈報，進而確定由亞東技術學院承租部分華夏科大校地，並在二〇一九年提出更改為科技大學的續審。沒想到好事多磨，審查委員要求亞東技術學院必須先拿到淡水新校區大樓的使用執照，再進行審議。

心急如焚的黃茂全只能盯緊大樓建造及使用執照時程，中途還要想辦法克服缺工、缺料的困境，終於在二〇二一年八月一日成功獲得教育部同意，改名為「亞東學校財團法人亞東科技大學」。

橫亙在亞東科大師生心中長達十餘年的升格奮鬥，迎來完美成果。「這可說是完成創校五十年、將近七萬位校友的共同心願，」如今，黃茂全才有憶苦思甜的餘裕，回首過去幾年來的艱辛，「全憑一股意志力及使命感，才能堅持下去。」

持續培育更多科技人才

解決了升格難題，再加上疫情後國境已經解封，接下來亞東科大將致力於國際學術交流，以吸引更多境外學生。

黃茂全分享，目前亞東科大已與史瓦帝尼、越南、印尼、馬來西亞等國家建立良好的學術合作關係，也和僑務委員會合作，一同開設二年制與四年制海外青年技術訓練班，希望吸引外籍生或僑生前來台灣就學。

展望未來，「我期待亞東科大能繼續保持教、職、員、工、生、校友、董事會及教育部長官有默契的長期合作，持續為產業及社會培育更多科技人才，」黃茂全形容，經營學校就像是在球場角逐征戰，他很珍惜自己還能以「球員」的身分參與比賽，「面對全台約一百五十所大專院校的競爭，希望全體教職員能繼續努力，讓亞東科大一直待在場上。」

這種強烈的鬥志與衝勁，支撐黃茂全持續帶領亞東科大全體師生，正面迎擊少子化及教育轉型的困境，踢出致勝的關鍵一球。

文／王維玲・攝影／黃鼎翔・圖片提供／黃茂全

相信教育

蔡國權

普門中學前校長

用心成就每一位學生

相信佛法、相信教育的力量，
蔡國權以「三好四給」的精神形塑學生品格，
督促孩子們在日常生活中養成正確習慣，
學生、家長、社會乃至他自己，才能一起變得更好。

被暱稱為「蔡爸」的蔡國權（右二），在普門中學一待就是三十多年，一路從組長、主任、副校長到校長，深受愛戴。

一九八八年進入佛光山財團法人高雄市普門中學（簡稱普中）服務，一轉眼已經過了三十五年；被學生、家長暱稱為「蔡爸」的前校長、現任校務顧問蔡國權，從基層導師做起，歷任訓育組長、學務主任、輔導主任、教務主任、代理校長、副校長、校長，經歷相當完整，可以說是最了解普中的「萬事通」，對學校的感情之深自不在話下。

他把佛光山創辦人星雲法師闡述的佛法融入生活、教學與治校，締造亮眼的辦學績效，一生都奉獻給普中。

「當老師」是蔡國權從小立下的志向，但他不是出身傳統師範體系，而是念理工的。

他從當時的台灣省立高雄高級工業職業學校（簡稱雄工）電器冷凍修護科畢業後，北上就讀亞東工專電機工程科，接著插大進入輔仁大學歷史學系（簡稱輔大歷史系），修習教育學程。

誤打誤撞念理工

回憶起有些曲折的求學歷程，蔡國權笑得爽朗：「讀理工、讀電機也不是說不喜歡，只不過我當時的成績，原本可以上南二中，但村

裡就讀雄工的朋友一直鼓勵我也去念雄工，我從善如流就去了，所以其實是誤打誤撞的結果。不過，我覺得自己每個階段念的學校，不管是學校還是老師，都給我很多栽培、很多啟發，我都充滿感恩。」

「我國小畢業的時候，九年國民義務教育還不是強制性的，當時普遍經濟環境不好，我的小學同學大部分一畢業就直接去工廠做工，但我還能夠繼續升學，算是非常幸運，」他補充。

念雄工時，少年蔡國權第一次離開家，住在高雄的親戚家通學。學校很大，有很多科別、很多學生，還有很多建教班，例如：電信局（現為中華電信）、台鐵、中鋼、中船（現為台船）、中油（現為台灣中油）等公司合作的建教班，「我的很多同學，後來就是去電信局、台電工作。當時台灣經濟還沒有起飛，生活相對比較辛苦，但校風非常純樸，同學相處得很愉快。」

雄工畢業之後，蔡國權北上繼續升學，來到兩年制的二專：亞東工專。

「我是一九七八年進去亞東，周遭同學大部分來自不同縣市，像我是高雄人，也有來自台中、台南、彰化等各地的人，」蔡國權回憶，「當時大家都住在學校宿舍，同學之間感情非常好，而且亞東是當時最好的私立學校，形象與口碑都深受社會肯定，學生素質很整齊，老師教學很認真，校風非常好。」

亞東工專屬於市區型的學校，校區不是特別大，但「我們南部鄉下的孩子到北部來，心裡都有些期待和憧憬，認為到了台北，會碰到很多形形色色以前沒想過的事情，所以亞東對我來說是一個充滿懷念的地方，」蔡國權感慨地說，在亞東工專求學的時間雖然只有短短兩年，但他至今還是多所懷念，深深感恩。

或許正因如此，儘管他相對比較喜歡文科，但是念了理工，不管是電器冷凍，還是電機，「嘛是要過！」他用閩南語說，就算沒辦法念到頂尖，但是如果要畢業，學分還是要修夠。

事實上，面對課業，蔡國權並沒有因為意外「棄文從理」而隨意對待，他還是認真做好學生的本分，因為他相信：「只要用了心，不管怎麼樣一定會有收穫。」

將佛法融入治學

從亞東工專畢業之後，蔡國權插大進入輔大歷史系就讀，然後，再到政治大學修了教育學程。繞了一大圈，他回到最初立志的教育界軌道上。

「當校長是隨順因緣，」蔡國權笑著說，當老師才是他的志向，「主要是受到父親的影響。」

蔡國權的父親是小學老師，他鼓勵兒子未來跟他一樣當老師，「一來在鄉下，當老師很受尊敬，整個村莊幾乎全是父親的學生；二來父親深信，只要能把教育工作做好、把孩子們教好，就能減少很多社會問題。如果沒辦法當老師，做個公務員也不錯，平平順順、安安穩穩地生活就好。」

雖然父親這樣期待，卻沒有阻止蔡國權去念理工科。

「父親沒有管我要念什麼，只說看我自己的造化。不過，那時候以為，讀師專、讀師大才能當老師，沒考上師專，我曾經覺得當老師的願望再也不能實現了；後來才發現，讀一般大學，只要修完教育學

蔡國權（前排中）以品德教育做為治校方針，並且從日常做起，把這樣的精神融入校園課程與體育活動中。

程，還是可以當老師。」

兜兜轉轉，蔡國權實現了小時候的志向，當上高中老師。執教之初，他在台東育仁高級中學當老師兼訓育組長，第一年就當選學校的優良導師；隔年去到普門中學，當時的他，怎麼也沒想到有一天會變成校長。

「我本來想當老師就好了，後來怎麼一路從組長、主任、副校長到校長。可能是學校看我工作認真、負責，認為可以栽培吧，這一切只能說是隨順因緣，因緣來了，我們就去承擔……」蔡國權深受佛法薰陶，把佛法融入治校，常常以「有佛法就有辦法」來自我期許，也勉勵同仁。

用「三好四給」形塑品德

普門中學前身是高雄縣私立正氣中學，一九七七年由星雲大師接手後更名。雖然是佛教興學，但校內並沒有宗教課程，但如果把校長視為學校的執行長，蔡國權治校有一套最高指導方針，也是他最重視的價值——品德教育。

他希望把星雲大師提倡的三好「做好事、說好話、存好心」與四給「給人信心、給人歡喜、給人希望、給人方便」，自然而然融入日常生活。

「我們是一個推動『三好』非常用心的學校，也獲頒星雲教育基金的三好校園典範學校，即使是運動，我們也把品德教育和佛法融入其中，」蔡國權說。

普門中學的籃球、棒球都很強，曾獲得全國高中體育績優學校、二〇二二年玉山盃全國青棒錦標賽亞軍；效力於美國職棒匹茲堡海盜隊小聯盟體系的內野手鄭宗哲，就是普中校友。

但，什麼是運動場上的品德教育？

蔡國權解釋，「比方說，球傳給你，你才能上籃，這是團隊精神的展現；還有，一定要堅持到最後一秒，球賽過程千變萬化，不到最後一秒不會知道結果，絕對不能放棄。」當然，還要懂得精進技能、包容他人、與人分享等，不一而足。

「我相信，每一所學校都重視品德教育，但是普門中學特別重視、非常重視，我們的核心價值就是用心成就每位學生，因為每個孩子都有他的優勢，不是只有學業好才是好，孩子的運動、唱歌、才藝，或者跟人的應對是否得體，這些也都是他的能力、價值，」蔡國權特別強調。

養成習慣，改變就不是負擔

運動場之外，日常教育也是蔡國權重視的項目之一。

普門中學很多學生住校，完整的生活教育與照顧，加上佛光山的理念背景，是很多家長選擇把孩子送到那裡的原因。

「很多孩子初來之時，帶著在過去環境或學校養成的舊習性，因此需要校方和師長花很多時間慢慢調整，幫助他們適應，」蔡國權語重心長地說：「教育最大的力量就是改變。有時候我們的一句話、一個動作，就會改變一個學生，有些話、有些事，孩子會記得一輩子，所以我們要非常慎重。如果問我到底怎麼教孩子，我只能說就是靠身教、言教，加上這個環境的『境教』。」

他舉例談到，像是學生用完餐，要把餐具、桌子都收拾乾淨，在學校裡這麼做，去校外教學吃完飯也是要這麼做，而且離開時全體學生要向工作人員道謝，感謝他們的服務。這些都是很小的事情，但就自然而然變成他們的習慣，也會帶回家裡。「很多家長跟我說，孩子（從學校）回來以後，早上起床會摺棉被，不再只是起床一掀了事。

其實，只要在學校把棉被摺整齊，養成習慣之後，就不會覺得那是負擔，」蔡國權說。

他表示，從前帶過一個學生，因為母親長居日本，孩子留在台灣由阿嬤隔代教養，在原本的學校常常鬧事。媽媽讓他轉學到普中，希望透過普中的教育導正孩子。

「剛來的時候，他整個習慣還沒有養成，也出了一些問題，後來我們慢慢影響他，用品德、身教，耐心地鼓勵他，他就開始慢慢轉變；後來，他念完大學，還回到普中來兼課，到現在都還在這裡教書，我們就像是一家人一樣。學校沒有辜負他母親的期待，當然媽媽也非常感謝我們，」蔡國權回憶當年，語氣中充滿欣慰。

做好教育，才有共好的可能

在普中一待就是三十五年，蔡國權把青春歲月都奉獻給學校，他笑著說，是因為跟孩子、家長結了很多好的因緣，才有動力長長久久留下來。

「我跟孩子們互動非常好，他們的名字我大部分都會記得。以前我當訓導主任，在升旗時如果發現站在後面的同學沒站好或一直講

蔡國權相信「每個孩子都有自己的優勢」，老師、家長可適時鼓勵孩子，有助於增加他們的自信。

話，我會馬上叫他們的名字，他們就會嚇一跳，」蔡國權邊回憶邊笑著說，學生們不敢相信，他怎麼能夠記得住全校大部分學生的名字，且他們畢業多年以後回想起來，都會既懷念又佩服。

「孩子們都叫我『蔡爸』，家長也這樣叫。其實也沒有什麼，我就是會跟他們聊天，問他們家住哪裡、從哪個學校畢業、家裡是做什麼的，一邊關心他們，一邊就把他們記起來了。我跟他們的關係如師如父，他們有什麼困難，也都願意找我協助，」蔡國權強調，不管是對學生，還是對家長，只要有需要他幫忙的地方，他都會盡力去做，因為他相信，幫助別人就是結善緣，有朝一日當你遇到困難時，這些好的因緣就會帶給你力量。

「當然，相對地我必須付出很多時間，幾乎都沒有休假日。有時候星期六有活動，我得去參加；或者放假期間住校生留在學校，我也要去關心……」為此，蔡國權非常感謝家人長年來高度包容他的工作，支持他對教育的信念與付出。

經歷這麼多年的第一線實務工作，蔡國權更加堅信教育是百年事業，如果家庭沒有教好，孩子到學校後，老師要花很多時間輔導；如果學校沒有教好，孩子出了社會，會造成社會問題，還可能要付出更多代價。

因此，他給自己設定的教育目標是追求「共好」，對學生好、對家長好、對社會好，對他自己也好。要達到這樣的目標，必須要有親、師、生合作，缺了任何一角都會有遺憾。

做好事就有獎狀，用鼓勵強化溝通

時代變遷，當然也給教育界帶來新的挑戰。

「以前老師講的話，學生、家長都會聽、會遵守；現在不一樣，不管是教育現場，或是社會整體氛圍，更看重學生的想法、看法。所以，現在當老師的挑戰性更大，更講究溝通，」蔡國權說。

不過，他觀察到：「很多時候，跟家長溝通比跟孩子溝通更難。」但是，他也相信「方法永遠比困難多」，所以，如果遇到困難的時候，不必害怕面對，「我們教孩子遇到困難的時候要面對、要解決，我們自己遇到困難的時候，當然也是要面對它、解決它，一定會想到方法的。」

當了一輩子老師，蔡國權說，其實最大的利器就是「愛」與「榜樣」，「對學生就是要關心、關心、關心。我相信，只要我們有心去關心，孩子一定會受感動的，另外就是我們要做榜樣給他們看。」

「蔡爸」最常用的，是「鼓勵大法」。

「我會先講他的優點，因為鼓勵才有力量。然後，再建議他哪些部分可以改進、哪些地方我們可以共同努力。如果一開口就講他的缺點，他聽不下去，結果就是直接把門關上，拒絕溝通。」

更何況，「每個孩子都有自己的優勢、自己的亮點，」蔡國權說明，譬如，若孩子對師長很有禮貌，或者看到垃圾會撿起來，他也會給他們獎狀，「很多家長因此很感動，他們的孩子可能從小學到高中因為學科成績不好，都沒有領過獎狀，但普門中學會給他們鼓勵，只要做好事，就能拿到獎狀。」

心懷感恩，隨緣隨分

蔡國權最希望教會孩子的是「感恩之心」。普門中學用餐時間，全校會先誦讀佛光四句偈：「慈悲喜捨遍法界，惜福結緣利人天，禪淨戒行平等忍，慚愧感恩大願心。」用這四句話提醒自己，能夠有這頓飯吃，是因為有人種菜、有人煮飯、有人出錢……，有許多人在背後付出，每個人都要心存感恩。

而他自己最深受啟發的佛法，是星雲法師的四句法語：「不忘初心，不請之友，不念舊惡，不變隨緣。」

這四句法語分別出自《華嚴經》、《維摩經》、《八大人覺經》和《大乘起信論》。蔡國權用來惕勵自己，不要忘記投身教育的初心，要把學校的事看作自己的事，不用等別人指揮就該主動去做；對朋友要不記仇念惡，若有什麼小摩擦，事情過後就別再記恨；至於日常生活，要隨順因緣，有這樣的性格，做人自然就能圓滿。

文／黃筱潔．攝影／賴永祥．圖片提供／蔡國權

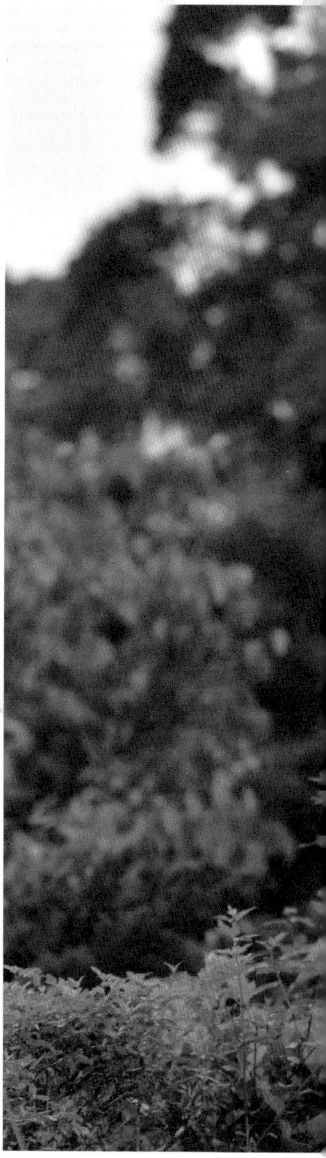

守護傳統

原民創作者

簡李永松

以地方創生 再現部落面貌

離鄉背井數十年，如今回歸故土，
簡李永松運用地方創生的概念，
以文字和影像，
重現泰雅部落的傳統文化與風貌。

翠綠的山脈一座依傍著另一座，清澈的潺潺溪水蜿蜒而過。山坳間的平地，散落著斜屋頂的小平房。位於桃園市復興區的奎輝部落，海拔約六百公尺，從市區驅車沿著羅馬公路行駛，約莫一個多小時，便來到恍如世外桃源的天地。近年來，部落出現一片又一片整齊的綠草皮，這是想遠離塵囂的都市人，週末假日湧入搭設帳篷的營地。

相較於一群群「到此一遊」的旅人，對於原住民創作者簡李永松（多馬斯）來說，這裡是孕育他成長的故鄉；離鄉背井幾十年，回到這裡，不是當一名過客，而是希望能整合資源，找回泰雅部落的傳統文化與風貌。

走出好體力

一九七二年次的簡李永松，是奎輝部落的泰雅族人。奎輝的泰雅語發音是「可揮路」，意為鹿角，有一說以前是山羌、水鹿群集地，因而得名，中文諧音翻成奎輝。

簡李永松的老家在中奎輝，靠近角板山（又稱枕頭山），當時角板山有蔣公行館，除了有駐軍，外人進出亦有管制。因為管制森嚴，部落幾乎與世隔絕，也讓他在十四歲以前，沒看過大海，最遠的足跡是到大溪，兒時最常做的事則是跟在老人家身邊，學習族語及狩獵等生活技能。

多數人對原住民的刻板印象是天生體能絕佳，不過，身高超過一八〇公分、體格健壯的簡李永松卻認為，體力好絕大多數是後天訓練的成果。

從小跟著長輩在山林間穿梭走跳的他，國小是走路上學，國中雖然住校，但每逢週末也是走路回家；甚至，遠赴台北念書後，為了省錢，幾乎一個月才回家一次，而且因為捨不得搭車，寧可花三個小時走回桃園，「從小走到大，體力不好也很難。」

語文天賦高，卻不得不放棄

體力是走出來的，語文能力卻是天賦異稟。

小學五年級升上六年級的暑假，簡李永松在外打工的父親撿回一本文言文的《西遊記》。起初，簡李永松看不懂，但家裡沒有電視或其他娛樂，在聊勝於無的情況下，他只好拿起文言文版《西遊記》來讀，而且讀了好幾遍，結果竟然讀通了，也讓他的小小心靈驚覺：

「原來文字可以如此變化多端！」

不僅徜徉在古典文學，民間故事及成語故事書也是簡李永松小時候愛不釋手的課外讀物。經年累月下來，他的文學素養在無形中提升，成為國小全校作文比賽或朗讀比賽的常勝軍。儘管他笑稱是因為部落人口不多，國小同學更少，所以才能獲獎，但他其實相當重視這份榮耀，從小學一年級到六年級拿到的獎狀，迄今仍保存完好，父親更以他為傲。

簡李永松是家中長子，有五個兄弟姊妹，而他是家中學歷最高的，也是部落內少數擁有碩士學位的人。

「那是因為當時部落都很窮，很多年輕人國小或國中畢業就外出跑船，」簡李永松謙虛地說，父親沒有讀書，但他很重視教育，發現兒子有念書的天分，就鼓勵簡李永松繼續升學。

不過，基於現實考量，簡李永松選擇了技職

簡李永松（後排右二）從小就喜歡文學，長大後更成為文學獎常勝軍。

體系。國中畢業後，他先是就讀高職汽車科，之後又到亞東工專機械科就讀，邊打工邊念書。

城鄉落差衝擊心靈

「從部落下山後，尤其是到台北，讓我感受到部落與外面的世界差很多，」簡李永松忍不住感嘆。

家人支持他升學，但他必須自己打工賺錢，所幸他有一身好體力，可以到工地打工，收入比一般學生打工優渥，「圓山大飯店後方山坡的一個涼亭，就是我扛著沙袋，一步一步走上去蓋出來的。」

可是，再怎麼樣努力，打工的收入是一天五百元，一個月的住宿費用最便宜也要五百元。換言之，簡李永松必須整個月不吃不喝才租得起一間房。無奈之餘，他選擇窩在樓梯下被當成儲物室的地方，才勉強有了棲身之所。

簡李永松的生活如此清苦，但班上部分同學的家境，卻是截然不同的情況。

有些人，家中經濟富裕，為了追女友而花錢買相機，當時簡李永松陪著同學去逛相機店，「每台相機都是好幾萬元！」那段經歷讓他印象深刻，迄今描述仍忍不住睜大眼睛，可以想像當時城鄉貧富差距之大是如何令他驚嘆，內心也隱隱有些自卑。

所幸，班上同學很照顧他，像是因為買不起工程計算機，考試時無法計算，同學便慷慨相助；又或者，同學知道他文筆好，就請他代寫情書，順便讓他賺點外快。

直到現在，當年那群同學依舊保持聯繫，大家在群組得知簡李永松在山上國小代課，便不時寄些玩具或提供資源到山上，「我們同學間凝聚力很強，在其他地方遇到亞東校友，彼此都會特別熱情，」回憶起同窗情誼，他的眼神閃爍著光芒。

重拾筆桿，成為文學獎常勝軍

簡李永松退伍後的第一份工作，是在一家知名外國車廠見習，當時主管正是亞東工專畢業的學長。不過，實習薪資較低，再加上工作地點較遠，礙於現實考量，幾個月後他便決定放棄車廠工作，另外透過其他學長介紹，到夜校擔任代課老師，白天則教導安親班的學生閱讀與寫作。

彎彎繞繞了一大圈，簡李永松重新回到擅長的領域，拾回最初的語文優勢。

不忘對文學的喜好，簡李永松考上元智大學中國語文學系，是該系第一屆學生，接著考取台灣師範大學國文研究所。二〇〇〇年左右，他正式展開教師生涯，收入也穩定下來，課餘之際開始有時間與心力從事文學創作。

成長於原鄉，傳統、人文、地貌，俯拾皆是創作的來源。簡李永松書寫的內容，大抵與部落有關，像是《雪國再見》、《再見·雪之國》等長篇小說，都是貼近族人的文字作品，陸續獲得：台灣文學獎、桃園鍾肇政文學獎、南投縣玉山文學獎、山海文化的台灣原住民族文學獎、新竹縣的吳濁流文學獎等多項大獎肯定。

用文字平反時代冤屈

不只以文字書寫部落故事，簡李永松還曾為族人平反冤情。

多年前，簡李永松的表舅拿著自家父親生前的一份陳述書找上他。兩千多字的文件中，詳述當年遭到不當判決的事項。

簡李永松表舅的父親，曾擔任復興鄉某國小代理校長，在一九六八年被冠上「匪徒」及「叛亂分子」等罪名，判處有期徒刑十二年。突如其來的指控，彷彿晴天霹靂；等到一九八〇年刑期屆滿出獄，等待表舅父親的，是家破人亡、工作無著，最後年老病痛纏身，隱居在北橫公路一間破舊低矮的房子。

十幾二十年過去，一九九九年，長輩用顫抖的手寫下為自己平反的陳述書，交代後人莫忘自己的族名，也要替他平反沾染汙名的一生，這樣才能昂首走向彩虹橋祖靈地，面對父母和家族。未料，一個月後，長者便離開人世，因此表舅希望藉由簡李永松的長才替父親平反，於是他展開一連串的田野調查、蒐集相關資料，並訪談相關人物等，終於獲得國家人權委員會為表舅父親平反。

為了讓更多人知道這個故事，在徵得表舅同意後，簡李永松投稿參賽：〈空谷回音：孤獨的泰雅先行者K'Yosyo．Noming〉獲得鍾肇政文學獎報導文學類參獎的肯定，許多發生在白色恐怖時期的小人物故事因此得以廣昭天下。

為復興傳統，不惜提前退休

回到文學的世界，簡李永松開始思考：如果原住民沒有自己的文字，是否有原住民文學？

簡李永松（右）希望透過在不同平台介紹他的文學作品，引領讀者認識泰雅族文化。圖為他接受廣播電台主持人格格兒（左）的採訪。

後來，他想通了——若語言、文字存在目的之一是為了溝通，假使不以多數人能夠看懂的中文字書寫，反倒是以羅馬拼音族語書寫，豈不是更難將自己的文化傳遞出去？更何況，既然接受了漢語教育，不如就將原民文化與傳統以漢語表達，讓更多人了解。

從此，簡李永松開展了十多年的書寫歲月，帶領讀者一探泰雅族人的傳統與文化。

「筆耕無法大富大貴，卻可以讓外界對泰雅人多了解一些，不再只有『原住民頭腦簡單、四肢發達』的刻板印象，」簡李永松說。

不過，他不甘心止步於此。他認為，自己還可以做得更多——走進部落，才能更深入復興族群傳統。

仍存有浪漫因子與文人性格的簡李永松，為了實現理想，不過五十歲出頭，便毅然自任教高中提前退休，從二〇二一年開始，在部落蹲點，一方面拍攝紀錄片，一方面在部落國小擔任代課老師，同時在北部大學擔任講師，教授泰雅族族語。

以紀錄片傳承部落文化

「我開始用文字或紀錄片記錄部落文化，並傳承下去。雖然是小小的努力，但現在不做，以後就會永遠消失……」簡李永松堅定地說。然而，圓夢從來不是一件容易的事，包含簡李永松的父親，也曾難以理解他為何要做這些事，未免太「不務正業」。

現實的壓力，讓幽默的簡李永松也忍不住自嘲：「理想很豐滿，現實很骨感。」

二〇二一年，簡李永松改編自己得獎的短篇小說《解壓縮》成為《獵人狂想曲》電影劇本。由於拍片計畫未能獲得外部資源補助，在經費拮据的情況下，只能請表弟擔任素人演員，加上導演蔡銘益、表弟及許多劇組工作人員均無薪參與，才終於完成微電影的拍攝。

電影的主角是兩位原住民獵人，他們在大雨滂沱的夜晚上山打獵。打獵前，兩人進行一場祖靈的祭祀儀式，顯示其傳統文化；而後，他們無意間搭救了一位受傷的山老鼠，但山老鼠卻趁隙溜走，並到山下報案。緊接著，鏡頭一轉，畫面一邊是兩位獵人因非法打獵被扭送派出所，另一邊則是山老鼠進行非法交易，卻輕鬆離去。

這部十多分鐘的影片，點出原住民在傳統獵場打獵遭逮，山老鼠盜採卻逃過法律制裁的荒謬，諷刺意味濃厚。

《獵人狂想曲》在二〇二一年獲得中華電信MOD微電影金片子創作大賽「信義企業倫理特別獎」首獎，隔年拿下韓國國際短片電影節的「年度最佳短片獎」；二〇二三年春天，更在美國公共電視台關島頻道進行區域性電視廣播及全球線上直播。

初試啼聲便屢獲國際肯定，簡李永松始料未及，也讓父親對他改觀，認為他在為部落做一件有意義的事。而他也在獲得父親的支持後，更自在放手，去做想做的事。

渴望找回泰雅族的永續生態觀

只是，回歸部落，也有讓簡李永松意想不到的衝擊。

以前，族人靠著上山打獵或耕種，過著自給自足的生活；現在，高達一半的居民申請低收入補助，且不以為意。

有些族人十七、八歲就生小孩而未繼續升學，年紀輕輕進入家用紀錄片保留原民文化之美，讓部落能傳承下去，是簡李永松的理想。

庭，卻沒有一技之長，要不打零工維生，再不然惶惶終日，無法翻身，成為惡性循環。

更令他詫異的是，原住民代代傳承對山林體系的認知，如今恐已消失殆盡，因為他耳聞，一位部落青少年僅戴著安全帽就爬上樹摘虎頭蜂蜂窩，不幸跌下摔死——與山林為伍的原民，卻因為缺乏對山林的知識，白白葬送寶貴性命；甚至他還曾聽説，有部落青少年載著台灣黑熊屍體在馬路上嬉鬧等脱序行為。諸如此類的例子，令簡李永松不勝唏嘘：「原住民傳統並非如此。」

遙想兒時，族人耕種梯田，他跟著爺爺、奶奶到山上的簡易工寮，一待就是兩、三個月，輪番耕種小米、地瓜等作物，讓土地休息，保持養分；他也曾經跟在長輩背後，前往深山狩獵，耳濡目染長輩根據動物遺留下的足跡，研判有多少獵物，再予以捕獵，但不會趕盡殺絕。

這些部落傳統，以現代視野來看，就是所謂「永續的生態觀」，「這是很好的傳統，可惜的是沒有被好好地傳承給下一代的泰雅族人，」簡李永松感嘆：「有泰雅族的臉，但沒有泰雅族的靈魂……」族群文化與生態環境的改變，讓從小跟著長輩學習的他不禁感慨萬

分，原民良好的傳統沒能好好傳承給下一代的泰雅族人。

維持傳統文化，推動地方創生

「年輕氣盛時，對於發生在部落的不公不義會義憤填膺，也想極力翻轉漢人對於部落的刻板印象，」簡李永松坦言。但是現在，除了以文字與影像記錄泰雅的傳統文化，為族人爭取話語權，他還會以另一種角度幫助部落。

有鑑於鄉村青壯人口往都市發展，近幾年來，政府推動地方發揮在地特色，創造經濟及就業機會，吸引年輕人返鄉，也就是所謂的「地方創生」。看到部落裡的自然與人文資源豐沛，生於部落、長於部落的簡李永松那份想為自家盡點心力的理念，與地方創生的宗旨不謀而合。

回到部落已有兩年光景，簡李永松手拿小型錄影機記錄、盤點部落資源，整理成生態資料

簡李永松（左）認為，用地方創生激起大眾共識與參與，才能讓部落永續發展。

庫。他希望，能夠以永續的概念經營部落文化與土地資源，像是推廣竹子、梯田等當地特色，復育泰雅族的主食小米等，創造部落生機。

讓部落共享共榮

二〇二三年，簡李永松的計畫是發展有機耕作的微型農場，轉化為部落創生的典範；此外，他也把在地觀光資源納入，也就是日治時代遺留下來的隘勇線（日治時期的隔離措施）與隘口等歷史遺跡，以及保留迄今、在鍾肇政《插天山之歌》一書描述的阿姆坪、茶廠、與泰雅族朋友釣魚的場景，透過培養當地導覽員進行文化及文學導覽，讓外界了解泰雅文化。

「我回到部落是要維持傳統文化，以地方創生的方式，激起大家的共識與集體參與，讓部落共享共榮，才能永續發展，」簡李永松指出，這套山林永續與共享是泰雅族的傳統，也是核心信仰gaga（紀律）之一，必須傳承下去，讓族人都能以身為泰雅族為榮。

文／林惠君．攝影／黃鼎翔．圖片提供／簡李永松

第四部

生命關懷

擁抱自我、用心體驗生活，
把善意漣漪向外擴散，匯聚成巨大力量，
以實踐生命的意義與價值。

熱情勇敢

賴宜芳

亞東醫院護理部督導

病人的感謝與笑容，是最大的肯定

集合每個人的力量，就可匯聚成巨大能量。
賴宜芳相信，態度顯現高度，
因此她從不設限，
以護理工作為職志，讓自我價值最大化。

護理部督導

這天，亞東醫院來了一群青春熱血的護理實習生，在醫院擔任實習督導的賴宜芳帶著學弟妹們參與教學活動。她認真規劃實習課程，並成立就業諮商窗口，全力輔導學弟妹們適應臨床工作。

面對一批批護理新血們，她以數十年臨床累積的護理專業傾囊相授，希望為護理界培育出更多優秀的南丁格爾。

在護理界服務逾三十年，賴宜芳從亞東醫院加護病房護理師做起，到如今擔綱醫院護理部督導一職，協助醫院開立心血管內外科病房、建立心臟移植術後照護流程等各項護理行政工作。

這兩、三年，新冠肺炎疫情衝擊，她更發揮專長，配合新北市政府防疫政策，協助醫院開立集中檢疫所、照護居家隔離確診者，防堵疫情擴散。

「我們護理人員，可以是病人的依靠、可以是醫院的中流砥柱，更可以在國家發生重大疫病時，成為公共政策的參與者！」賴宜芳深信，護理工作並非只是幫病人量血壓、換藥，只要勇敢突破自我，努力充實技能，「態度會顯現高度，每個人都能持續升級，實踐護理工作的職志與使命，把自我價值最大化。」

聽媽媽的話成為護理人

大半輩子的工作都在護理界的賴宜芳，小時候的志向卻不在此。

出身小康家庭，父親是軍人，母親負責經營家中的電器行，在國中還懵懂的年紀，或許是受到家裡開店的影響，賴宜芳的心中其實曾經有過創業夢，但「媽媽覺得護理工作比較穩定」，年輕的她，選擇聽從母親的建議，報考德育護理專科學校（簡稱德育護專。現為經國管理暨健康學院）。

國中畢業後，賴宜芳就離開板橋老家，隻身前往基隆念書住校，「第一個學期，我因為想家哭到不行。」然而，一九九一年時，多數民眾還沒有手機，她也是如此而無法經常跟家人聯繫，再不習慣也得忍耐。

「我永遠記得第一次從學校搭車回家，看到站在車站外接我的爸爸，忍不住嚎啕大哭，爸爸也滿心不捨，流下兩行熱淚；回到家時，媽媽不解地問：『發生什麼事？怎麼你們父女倆都哭得一把鼻涕一把眼淚？』」賴宜芳至今印象深刻。

早年的基隆，素有「雨都」之稱，尤其秋、冬季節更經常陰雨綿身為護理部督導的賴宜芳（中），總是不吝給予其他護理師建議與協助，以共同營造完善的職場環境。

綿，像是映照出賴宜芳的內心。剛到護專住校念書時，她常躲在棉被下偷哭，覺得日子難熬；幸好，當她逐漸與同學、師長熟稔後，不再覺得孤單，也慢慢找到學習護理專業的熱情，心境終於放晴。

崇尚簡單生活

「在德育護專五年，影響我最深的，是沈振中老師。他是生物老師，但他教導我們體驗生活、認識自己，」賴宜芳說。

她記得，曾在某一年夏天，一群即將畢業的五專同學們到花蓮「鹽寮淨土」體驗簡單生活，現場還有創辦人區紀復夫婦，傳遞人應該要用勞力換取食物的理念，甚至帶著大家一起做勞動服務，挑水、使用回收洗菜水沖廁、採摘野菜、以園內農作為食……；到了晚上，則是在月光陪伴下，大家一起到山澗裡沐浴，之後在觀景台上自省，感謝今天的自己。

「返璞歸真帶來的喜樂，至今仍印象深刻，」賴宜芳感慨地說：「沈老師提倡簡單生活，教學生減少浪費、去除不必要的貪念，這奠定了我的生活信念，就是日子過得簡單樸實就好，剩下的心力就可以去服務更多需要幫助的人。」

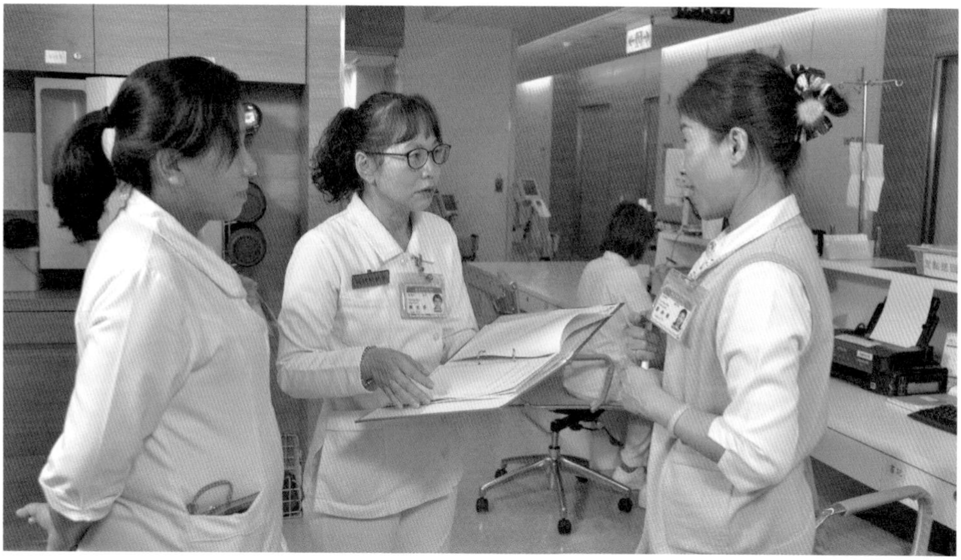

在照顧與陪伴中體會不同的感動

護專四年級，學生們必須開始到醫院實習。賴宜芳跟所有實習生一樣，抱著既期待又忐忑的心情，跟著醫院的學姊們學習護理大小事，深怕做錯，又渴望能把課堂所學運用在臨床。

「每位病人都是不同個體，有不同的禁忌與差異，必須時時細心觀察，」賴宜芳在那段期間，見識到護理工作的辛苦與繁雜，更體會到自己責任重大，因為即使只是抄寫病歷、交接班等行政庶務，一旦出錯都可能影響病人安全。

感到害怕嗎？或者，後悔聽媽媽的話，走上這條路？

賴宜芳笑著說：「辛苦，但不害怕。不論是跟病家互動、噓寒問暖，看著患者日漸痊癒，或陪著末期患者走完最後一程，都有不同的感動，這是一份值得付出的工作。」因為這份信念，她不僅把握學校實習的機會，還利用寒暑假打工擔任看護，希望可以從中學習到更多照顧病人的技巧。

不僅如此，在醫院之外，喜歡幫助人、與人互動的賴宜芳還在學校參加「燭光社」，一有機會就出隊到新竹縣尖石鄉、五峰鄉等偏遠山區，協助醫療服務，為偏鄉居民進行健康衛教；在那段過程中，她看到許多偏鄉孩子家境清貧，甚至可能因此得中斷學業幫忙家計，於是她積極舉辦義賣，把所得捐給貧困家庭。

「集合大家的微薄之力，就會匯聚成巨大的力量，」賴宜芳一直這樣相信。正如同護理工作一樣，也是團隊一起努力，就能創造更好的照護成果。

一九九一年，賴宜芳考取護理師執照，進入亞東醫院服務，直至現在。回憶走過的路，她說：「當時聽媽媽的話進入護理界是對的，雖然難免灰心挫折，但這絕對是值得投入的終身事業，很高興我一直在這裡努力著，並且和醫院一起成長。」

建立術後照護標準流程

一九八一年，遠東集團創辦人徐有庠發現，板橋、土城一帶工廠林立、人口密集，卻缺乏大型醫院，導致急重症病人轉院過程中常發生憾事，因而創建亞東醫院。

「一開始，亞東是地區醫院，人力嚴重不足，」賴宜芳記得，她是在亞東醫院設立後第一個十年加入，「一直到一九九九年，亞東與台大醫院策略聯盟，由台大醫院心臟外科權威朱樹勳（現任徐元智先生醫藥基金會副董事長）出任第五任院長，醫療發展受限的情況才開始好轉，甚至在二〇〇六年升格為醫學中心，也是當時台北縣（二〇一〇年改制為新北市）第一家醫學中心。」

朱樹勳接掌亞東醫院後，積極發展心臟血管醫學，而賴宜芳由於臨床表現優異，在二〇〇〇年奉派至台大醫院心臟內外科加護病房接受訓練，協助亞東醫院建置心臟內外科相關作業流程，並為同仁安排教育訓練，一步一腳印建立完善的病人術後照護標準流程。

良好的術後照護，有助減少併發症、縮短住院天數。因此，在一場心臟手術中，除了醫師的精良醫術，護理師可以說是讓病人術後及早恢復正常生活的一大助力。而賴宜芳在二〇〇一年升任亞東醫院心臟內外科病房護理長後，參與了心臟內外科病房建置，不僅負責規劃全方位的心臟照護中心，更從無到有為心臟移植病人建立了完善的術後照護標準作業流程，堪稱是奠定亞東醫院心臟移植手術照護基礎的推手。

不過，讓賴宜芳印象深刻的，倒不是能否成為「個人式英雄」，而是「我真正能夠幫到病人。」

能夠幫到病人，才是最重要的事

在亞東醫院心臟照護中心成立的那年，「我們相繼完成世界首例『三心人』心臟移植，以及亞洲首例心臟停跳移植的創舉，成為國內暨台大、榮總後，第三家能執行心肺移植的醫院，」儘管是二十年前的往事，但賴宜芳對於「三心人」黃展文（化名）的記憶歷歷在目。

「黃先生因心臟衰竭到亞東醫院等候換心，由於捐贈心臟部分受損，醫療團隊決定留下原有心臟，並讓兩顆來自不同捐贈者的心臟共同負擔病人的循環，使得黃先生成為世界首例的『三心人』，」她分享，從命懸一線到重獲新生、術後健康出院、回老家種田，黃展文夫婦很感謝醫療團隊給予的新生命，每次回診時，都開心地與醫護團隊寒暄。

十多年後，黃展文過世，但這段多出來的生命旅程，讓他和家人留下美好的回憶，而對賴宜芳來說，「護理工作的辛苦，在病人一聲聲的感謝與綻放的笑容中，都一一撫平了，甚至每當想起來都令人熱血沸騰、倍感榮耀，更強大了堅持下去的力量與信念。」

誠如亞東醫院院長邱冠明常勉勵護理同仁的話：「對病重的患者來說，醫院是他們最後一線希望，而醫師雖然可以救治病患，但還需要護理團隊接棒照護。技術再好的醫師，沒有強而有力的團隊奧援也是枉然。」

「護理工作就是這麼重要且神聖，」賴宜芳深切相信。

團結，就沒有打不贏的仗

這幾年，新冠肺炎疫情改變了很多事，也讓賴宜芳的護理職涯增添許多難得的經驗。譬如，疫情期間，在每一個防疫工作的現場，都可以看到護理師辛苦的身影。檢疫站、醫院中……，許多護理師忍耐著長期穿戴防護衣的悶熱高壓，身上的衣服濕了又乾、乾了又濕，臉上還有口罩深深的壓痕；民眾要做ＰＣＲ檢測和接種疫苗，也都需要護理師在第一線耐心講解。

有的護理同仁三天沒回家，累到躲在牆角哭；有的即使能回家，

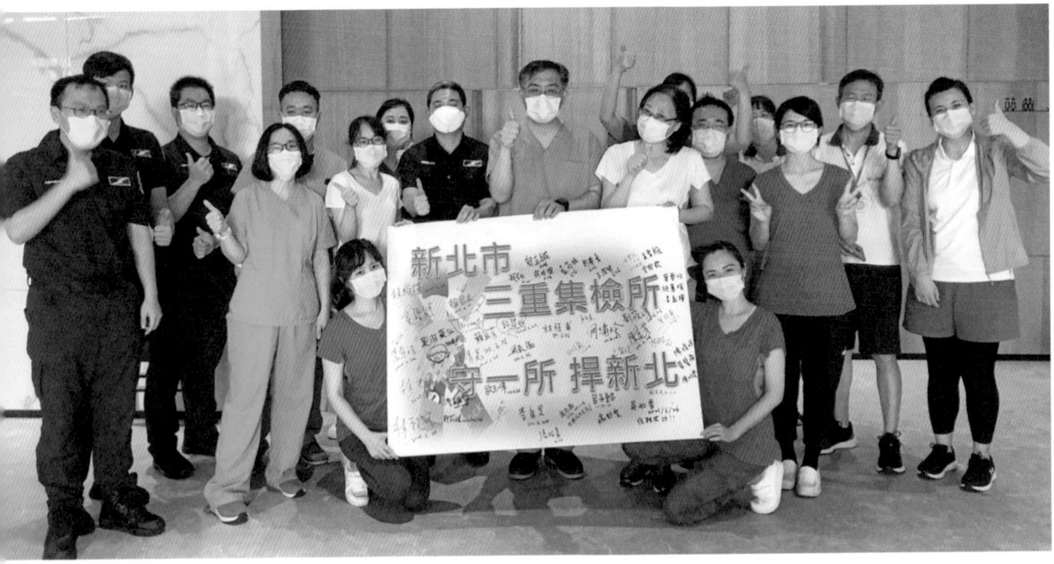

也怕傳染家人，心理壓力超大……。事實上，縱使活力充沛如賴宜芳，也是疲累不堪，但她仍不忘安慰同仁「再堅持一下」，總是笑著說：「只要大家團結在一起，沒有什麼打不贏的仗。」

然而，疫情一波波，新的挑戰接踵而來。

二〇二一年五月中旬後，雙北確診人數暴增，新北市衛生局為阻斷傳播鏈，將輕症確診者全部送至集中檢疫所隔離，亞東醫院先是臨危受命承接板橋及三重兩家集檢所及防疫旅館收治的輕症確診個案；之後在九月至十月間，台灣受到新冠肺炎Delta變異株侵襲，亞東醫院再次承接三重集檢所，照護遭匡列、集中隔離的民眾。

面對如此龐大的院內外防疫相關業務，賴宜芳坦言：「經常有身心俱疲的感覺。每次覺得一個任務結束，緊接著又有新的任務展開。」

但是，「在看不到盡頭的時候，更加不能懈怠，」不知道疫情何時結束，身為護理部主管的

疫情期間，賴宜芳（第二排左三穿黃衣者）帶領護理團隊，協助醫院規劃檢疫所，在第一線給予隔離患者最直接的照護與協助。

她，只能咬緊牙關，因應每天的疫情變化，協助醫院重新分配專責病房的照護人力，讓確診的住院病人得到最好的照顧，同時也要盡全力避免院內感染。

在亞東醫院護理部主任周繡玲領導下，賴宜芳不僅協助醫院規劃檢疫所，並和同仁輪流住進防疫旅館，給予隔離患者最直接的照護與協助，之後更在醫院規劃下擔綱主編，協助醫院把抗疫過程編纂成《疫起攜手：亞東紀念醫院COVID-19照護經驗》，傳承、分享經驗。

「如果說護理工作三十多年來最不同之處，當推疫情期間的工作挑戰，」賴宜芳笑說，人生第一次「開房間」、第一次成為書籍主編，都是參與抗疫工作的成果，但是能夠從醫院內到醫院外，親自參與政府防疫公共事務，讓疫情趨緩、醫療量能穩定，是一段很奇妙也別具意義的工作旅程。

持續進修，創造生命的精采

每個職務都有不同的任務與挑戰，賴宜芳樂在其中，並盡力做到最好。自接任醫院督導職務後，她肩負起傳承護理工作、培育學弟妹，為醫院留住護理人才的重責大任。尤其，她經常跟新進的護理人員分享：「護理工作的價值有無限可能，端看個人如何創造，千萬不要小看自己。」

然而，賴宜芳自己，是否也曾對工作感到徬徨？

答案自然是肯定的，但是她認為：「這種時候，進修是最好的解決方法。」

賴宜芳曾經深感知識技能不足，就近選擇到離醫院最近的亞東技術學院進修，就讀護理系在職專班，成為第一屆學生。「兩年的進修期間，特別感謝張玉梅老師，」她說，「張玉梅老師除了教導我們內、外科護理學知識，更多的是學習的韌性，有句話說『天道酬勤』，一切事物和成就不會從天而降，但是若你設定好目標並努力往前行，總有到達終點的一天。」

保持對護理師工作的熱情

從亞東技術學院護理系在職班畢業後，賴宜芳又報考台北護理健康大學護理系碩士班，學習「護理資訊」這個新領域，協助醫院開發、建置護理資訊系統，幫助臨床護理師快速掌握各團隊護理資訊，提供病人更準確的照護方向與品質。

賴宜芳的認真努力，為自己贏來喝采與掌聲，獲得新北市政府頒發的「第二屆護理傑出獎」，以及腦血管疾病防治基金會的「優良護理人員獎」。

在護理界勤勤懇懇三十年，賴宜芳鼓勵護理界的學弟妹們，秉持使命與職志，保持對護理工作的熱情與展望，相信自己能做到最好，不足之處就盡力學習，一定能創造出難以取代的自我價值，尤其，「穿上護理師制服，就要了解這件制服賦予的神聖使命，也就是我們衝往最榮耀殿堂的戰袍」。

文／黃筱珮．攝影／黃鼎翔．圖片提供／賴宜芳

2RING BINDERS
M25
Nursing Dept.
R.N.
許 嘉 文
Hsu, C. W.

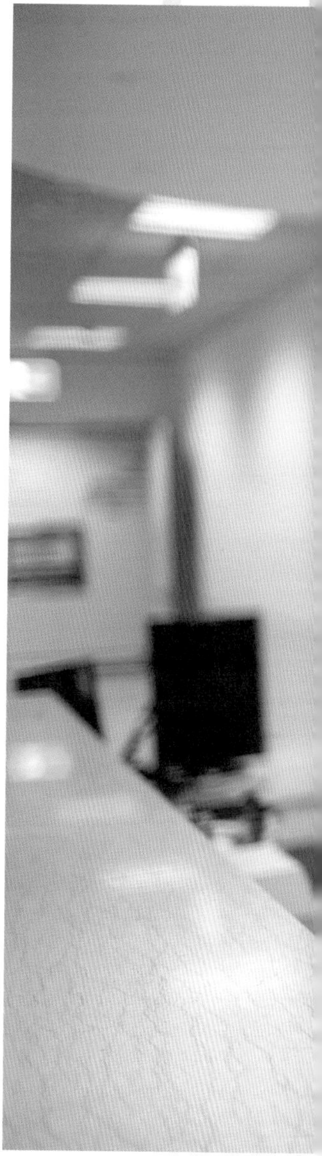

以身作則

許嘉文

亞東醫院急診護理師

在挑戰中淬煉
正能量心態

從菜鳥到資深的急診護理師，
許嘉文經常面臨患者的生死一瞬。
他在挑戰中精進照護能力，
要用行動讓外界看到護理師的價值。

急診室，一向是醫院中與時間賽跑或與死神拔河的一級戰區，再加上新冠肺炎疫情的侵襲，尤其是二〇二二年四、五月，雙北大量爆發本土新冠肺炎確診者，許多在家快篩陽性就往醫院衝的民眾，幾乎讓急診室癱瘓。

一向散發正能量的「許小飛男護理師」在Facebook粉絲專頁上自我解嘲：「……排隊人潮多到我一度以為在年貨大街一樣……」他也曾經在春節期間貼文，表示每年除夕夜都會出現「魚刺卡喉軍團」，同樣將急診室擠得水洩不通。

這些描寫急診現場的生動文字，來自於亞東醫院急診室護理師許嘉文，也就是「許小飛男護理師」粉絲專頁的版主。

在急診室擔任護理師近十年之久，雖然面臨許多生離死別，但他秉持樂觀正向的態度，藉由粉絲專頁分享工作點滴與心情抒發，有苦中作樂、有無奈辛酸，真實呈現醫護人員職場的一面。

歪打誤撞讀護理

身為護理界相對少數的男性護理師，許嘉文活躍於急診臨床，是否從小就有救人的滿腔熱血或雄心壯志？

許嘉文的答案令人意外：「會走上護理人員這條路，純粹因為『被同學騙了』。」

一九九一年次的許嘉文出生於彰化，在單親家庭長大，媽媽獨自扶養三兄弟。

國中的時候，他同學說讀護理很簡單，「我也以為護理只是打針、發藥而已，再加上國中有升學班，考上縣排前幾志願的，學校會貼紅榜昭告天下，但我的成績不甚理想，就毅然決然填上有護理科系的學校。」

當時在鄉下難免有刻版印象，認為女性比較適合當護理師，甚至有傳統觀念認為：「男性應該要當醫師或主管，可以指揮部屬；當護理師沒出息，會被人呼來喚去。」

在周遭親戚對於男性當護理師這件事覺得不妥時，唯獨許嘉文的母親了解，「兒子的個性較為陰柔，適合讀護理科系，還可以習得一技之長，有何不可？」

在母親的支持下，許嘉文不在乎他人眼光，國中畢業便負笈北上，到桃園的五年制新生醫護管理專科學校（簡稱新生醫專）就讀。當時，是新生醫專護理科首度招收男學生。

許嘉文（最下方者）表示，就讀亞東技術學院護理系時，他學會多面向思考，這有助於判斷患者狀態，對他的護理師生涯影響很大。

「全校三千四百個學生，包含我，只有三位男學生，連找個男廁所都很困難，」他回憶，那時候的護理學校多半是純女校，男生則是「萬紅叢中一點綠」，每逢下課時，學姐會「揪團」到教室走廊，想要一睹他們的廬山真面目。

有成就感也有尷尬

在校廣受矚目，有如風雲人物，但許嘉文一開始對護理其實完全沒有概念。

「我是愈讀愈有興趣，」他舉例談到，像是解剖學，讓他對人體結構有所了解；上過藥理學的課後，則是了解藥物的作用及副作用。另外，這些知識都可以實際應用在日常生活中，像是每當身邊親友有小病小痛時，他可以略知一二，進行基本判斷，甚至有時能夠指點他們如何正確服用藥物。因此，許嘉文漸漸感受到「念護理」是一件很有成就感的事。

身為少數的男性準護理師，實習的時候，許嘉文遇到的事情也令他難忘。

在專三升上專四的暑假，他第一次到桃園的產科診所實習。適逢診所內有位二十多歲的年輕媽媽剛生產完，需要哺乳，但乳腺不甚暢通，一旦阻塞就可能發炎，嚴重者會導致蜂窩性組織炎，因而現場需要護理人員幫忙按摩以疏通乳腺。

帶領實習生的老師引用國外文獻指出，以男性的力道按摩，比較能幫助乳腺暢通。在徵得產婦同意後，老師詢問在場唯一的男性許嘉文：「是否要來嘗試？」當下，他沒有多想就答應了。

菜鳥實習生初試啼聲，看似一切都非常順利，沒想到房門突然「碰」一聲被打開，門後站的是產婦先生，表情滿是錯愕。

見狀，許嘉文背脊一陣發涼，但是基於專業，他必須繼續按摩，「其實內心還滿慌張的。」好在經過老師說明，先生也能夠理解一二，並未大吵大鬧，最後，在尷尬而不失禮貌的過程中，完成他的實習初體驗。

新生醫專畢業後，為了取得學士資格，許嘉文繼續升學，二〇一一年考取亞東技術學院二年制的護理系。不過，為了減輕家中經濟負擔，也希望早日有實務經驗，退伍後能馬上接軌職場，他選擇半工半讀，在學校附近的一家醫院擔任呼吸病房護理師。

在職進修，爭取更好的機會

白天在學校上課、下午到晚上在病房值班，當時的許嘉文每天都處於「蠟燭兩頭燒」的狀態，但他感到很滿足。

「跟以往在醫專上課不同，在亞東，可以學到『思考的訓練』，」許嘉文舉例指出，在醫專時的基本護理學，課堂教導的是心臟血管系統有哪些、構造為何，以及可能產生的疾病或症狀、如何用藥較合適等，屬於單向傳授知識的過程；但在亞東技術學院時，老師會訓練學生多面向思考，例如，有位病人的症狀是胸悶、胸痛、呼吸喘，老師便會請學生依據病人的症狀，評估患者可能是哪些身體系統出了問題，再搭配基本理學檢查，判斷患者可能罹患哪些疾病。

「現在回想起來，那樣的思考訓練比較像是在培訓醫師，但其實對於在急診服務的護理人員，也相當有幫助，」許嘉文指出，當病人進到急診室，醫師不會馬上來看，往往是先由負責檢傷的資深護理師初步研判，患者可能是哪方面的疾病，再分類疾病的輕重緩急，安排後續的處置。

「亞東老師教給我們的直覺性反應評估模式，這時候就很有幫助了，」許嘉文說明，「有了學校訓練，加上在分秒必爭的急診室歷練久了，往往一看就能知道病人可能罹患的疾病和存在的危險因子，緊接著才能立刻聯想病人可能存在的首要危急問題、接下來要如何預防，以免病情更加惡化。」

為疏忽自責，一度萌生退意

除了專業能力的強化，進入亞東技術學院，也紓緩了許嘉文的經濟壓力。

「當時亞東技術學院護理系推出與亞東醫院的產學合作方案，學生在實習期間可以每個月領取獎學金，醫院也把實習學生當成新人訓練指導，畢業後可以直接銜接進入亞東醫院工作，」許嘉文不諱言，「之所以選擇急診室，一開始其實是基於經濟考量。」

不過，實際投入急診工作後，每天面臨各種挑戰，也讓他感到新鮮並躍躍欲試。然而，現實與想像總是有一段距離，甚至讓他一度想打退堂鼓。

在亞東醫院三個月的訓練期間，某次許嘉文跟著學姊在外科區實習，遇到急診病人左邊氣胸，因為左邊肺臟要開刀，學姊提醒他不要把點滴打在左側，以免影響醫師上刀。結果，他一時忘記學姊的叮嚀，將點滴打在病人的左側，幸好學姊及時發現便立刻糾正。

雖然沒有當面指責，但他卻忍不住自責：「我怎麼會那麼不小心，把點滴打在開刀的那側，險些危害病人安全。」因為過度沮喪，連帶影響當天工作心情。「我是不是不適任護理工作？」許嘉文在當晚回家的路上，邊騎機車邊哭，甚至產生自我懷疑。

他沮喪的情緒延續到第二天，另一位學姊看到他整個人暮氣沉沉，跟往常開朗的形象大不同，而上前關心。了解情況後，學姊安慰他：「不要想著自己被念了一頓，而是要記取教訓，更不要因此喪失對工作的憧憬跟想法。」

原本就對護理工作懷抱熱情的許嘉文，因為求好心切而一時鑽入牛角尖，但學姊的適時關切，讓他豁然開朗，更將這樣的經驗牢記在心，提醒自己日後帶領新人時，也要如此關注、開導學弟妹。

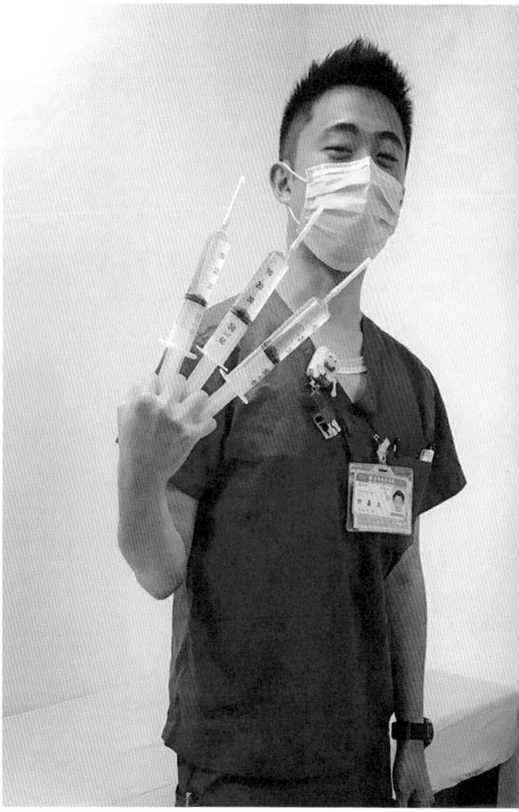

面對高壓的急診室突發狀況，正向的許嘉文總能保持冷靜，協助醫護同仁進行後續流程。

在突發狀況中累積經驗

通過訓練後，考驗才正要開始。

「每位來到急診室的患者都可能是一顆『未爆彈』，生死就在一瞬間，」許嘉文記得，他曾遇到一位患者主訴呼吸會喘，而且有三高及心臟疾病，但量血壓時卻顯示正常。之後他去用餐，一回來，就發現這位患者已經被送去急救，最後因主動脈剝離死亡。

「前一秒還跟你說話，再回來時人就已經走了，」當時還是急診室新鮮人的他，面對突如其來的噩耗，情緒不免受影響，自責應該更有所警覺，但這時的他已經變得比較成熟，於是他告訴自己，不能再沉浸於悲傷之中，「否則會影響到手上的工作與下一位病人。」

之所以從菜鳥變成羽翼豐滿的老鳥，是在每次突發狀況中累積經驗。現在，許嘉文已是資深護理師，面對未爆彈已能鎮定自若，跟著

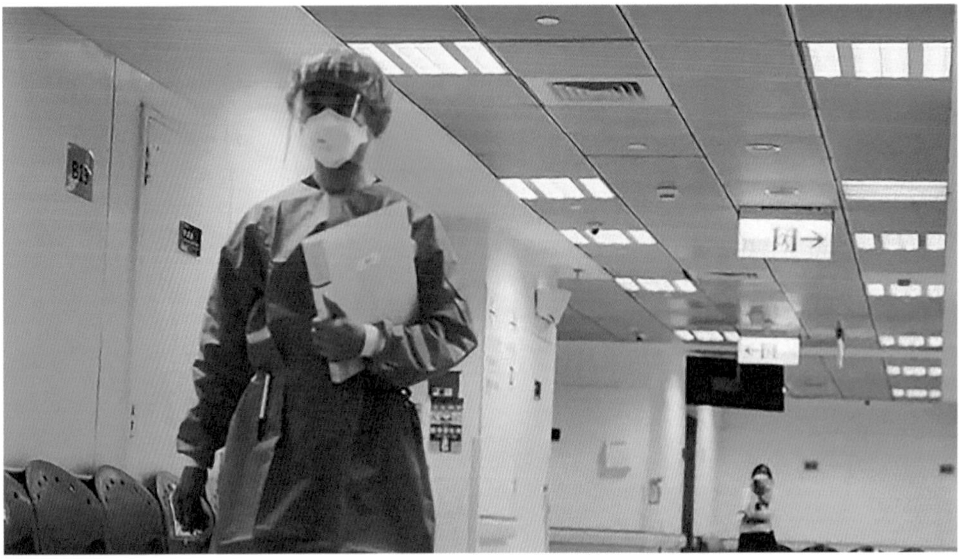

醫護同仁一一拆彈。

曾經有位意識不清的病人被帶到急診室，查閱病歷後，發現他有藥癮及精神疾患，而且是愛滋病患者。當下全員神經緊繃，但該有的流程仍不能疏忽，於是立刻進行抽血、驗尿檢查，以找出昏迷原因。

過程中，患者突然醒來，自稱是：「吃東西噎到……」但大家懷疑：如果是吃東西噎到，怎麼還能講話？不久，患者開始抽搐，在接受頭部電腦斷層掃描檢查時又出現意識不清、血壓下降等狀況。直到醫師幫患者緊急插管後，終於真相大白——有一大塊米血糕卡在氣管。最後有驚無險，救回一命。

臉書分享，幫新人了解護理界

長期以來，護理界被稱為「血汗職場」，急診室更經常必須面對各種緊急狀況，甚至是最常疫情時，許嘉文加入抗疫行列，面對有增無減的負荷，始終在第一線堅守崗位。

出現醫療暴力的現場，身心壓力往往更高於其他科別。「或許是因為這樣的工作環境，很多護理新人在踏入臨床前，會在社群軟體打探醫院跟學長姊的態度，獲得的內容以負面居多。」

「我不喜歡工作中有太多負面情緒，」許嘉文直言，「我想讓新人知道，護理界雖然辛苦，但其實沒有那麼可怕。」

他認為，大家習慣先貼標籤，但喜不喜歡這個行業或職場環境，總是要先踏進來才知道，而非人云亦云。因此，許嘉文從幾年前開始經營Facebook的粉絲專頁，以自己看到的角度及感受，分享職場的點點滴滴。

隨著知名度打開，許嘉文常受邀到學校分享護理工作實戰經驗，有些畢業校友甚至專程回學校聽他的演講，還有人是在他的鼓勵下，勇於踏入職場，抑或是受他影響而加入亞東醫院的團隊，「能讓學弟妹們從演講或社群媒體中獲得一些正面回饋，我覺得很開心，也更有動力繼續分享自己的職場體驗。」

增加專業知識，提升護理人員價值

新冠肺炎疫情持續三年之久，第一線醫護人員的負荷有增無減，他們不畏被病毒感染的高風險，堅守崗位，更彰顯其職業的價值，也讓從業人員自我覺醒，希望改變民眾對護理人員的刻板印象。

以前，護理師時常被患者與家屬稱呼「小姐」，護理界發起正名「護理師」運動；但是許嘉文認為，除了正名以外，身為護理師最重要的是，隨時提升自己的價值，尤其是增加專業的知識，以及本身的態度。

醫院中常看見一種場景：有時候家屬會要求護理人員幫忙拿被子，語氣和態度不會很嚴厲，但家屬與護理人員的矛盾衝突卻時有耳聞。原因可能出在護理人員的說話方式，會讓家屬感覺沒有溫度，甚至是不耐煩，因此橫生枝節。

對此，他會婉轉告訴學弟妹：「是否有注意到，自己對同事和對病人講話聲調不一樣？例如：前者尾音會上揚，但跟病人講話尾音是下降的。」經過提醒後，學弟妹就會注意對病人講話的口氣，連帶家屬與護理人員的相處也就更和諧。

以身作則，建立溝通橋梁

這樣的做法，許嘉文不是只有「說」，更以身作則地「做」。

「即使遇到挫折，也要告訴自己，明天要比今天更棒！」一度遭逢低潮的許嘉文，用這句話勉勵自己和學弟妹繼續努力，未來成長指日可待。

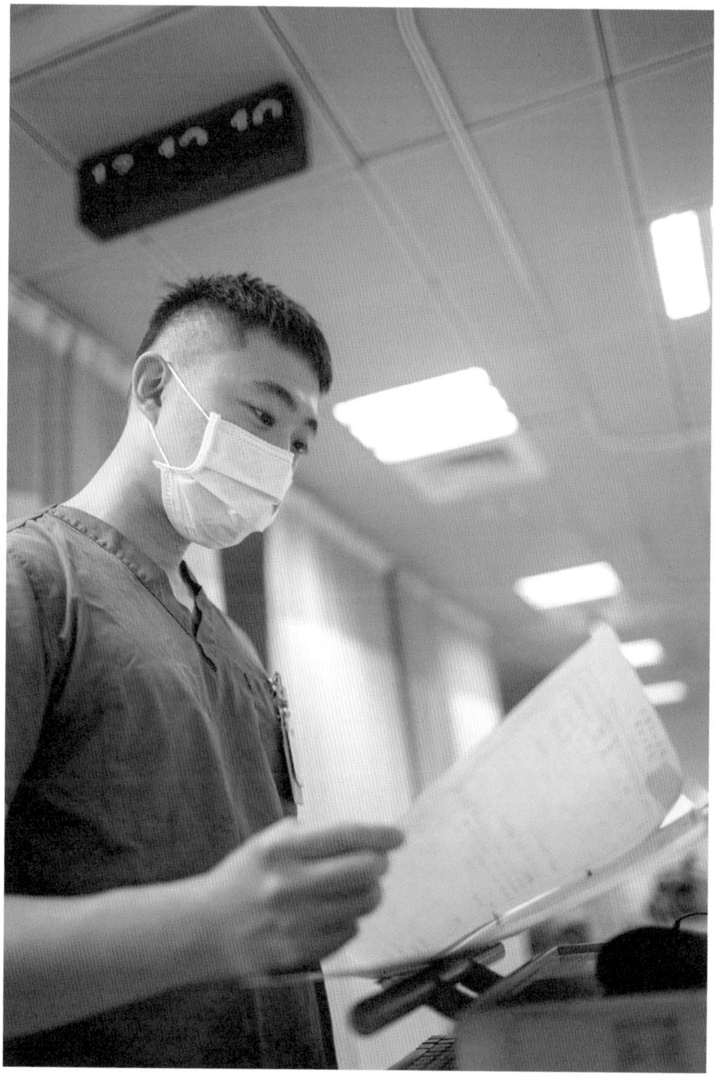

他分享經驗：「病人或家屬的要求大多是一些小事，我寧可先停下手邊工作，傾聽病人家屬的聲音，一次處理完畢他們的需求，因為不多花幾秒鐘去理會，後續可能要花更多時間處理抱怨或糾紛。」

另外，許嘉文也提到一些做事的方法，譬如，當醫師開完醫囑後，他會告訴病人已經做了哪些檢查，待報告出爐後，也會主動通知病人。這樣病人就不會一直詢問護理人員，甚至會將護理人員視為與醫師溝通的重要橋梁，之後互動的態度和氣氛都會更好。

對許嘉文來說，要改變現況，還是必須從工作中著手，而隨著自媒體發達，許多職場出現「靠北○○」的社團，身為網路世代，三十歲出頭的他有些不以為然，因為「雖可一時宣洩負面情緒，卻無助於提升工作價值」。

期望營造職場歡樂氛圍

除了分享現場經驗，許嘉文也期望在工作環境中創造快樂的氛圍，像二〇二三年新年，他就在辦公室貼上「病人乖乖」、「男帥女美」的紅色字條，大家拿著春聯擺拍，自娛娛人，苦中作樂。

「我從小個性就比較外向，希望讓周圍的人們感到歡樂，讓上班氛圍是好的，」許嘉文笑著說。

他的努力，同事們也都看在眼裡。「有次因太過疲累而倦勤，一位住院醫師聞訊後，立刻對我說：『你對我們很重要，是醫護與醫病的潤滑劑。』」許嘉文聽到對方真誠的一席話才知道，連醫師也感受到自己的付出，再也不敢輕言放棄這份工作。

隨著時間與經驗的累積，許嘉文開始負責急診室主要工作區域的任務，像是負責檢傷，或擔任組長等角色。責任加重之際，他不忘勉勵學弟妹：「一步步慢慢來，累積經驗成長；不要跟別人比，只要跟自己比就好；即使遇到挫折，也要告訴自己，明天要比今天更棒！」

曾經低潮，一度想放棄，卻也在不斷的挑戰下成長，成為散發正能量的白衣天使。許嘉文以行動證明，護理界雖然辛苦但不可怕，更鼓勵後進，與其抱怨，不如調整自己的心態，才能成長茁壯，也讓外界看到護理人員的價值。

文／林惠君．攝影／黃鼎翔．圖片提供／許嘉文

Bullard

讓天賦自由

許家睿

台北市消防局北投光明分隊隊員

守護每一個寶貴生命

一場車禍，讓許家睿找到人生的北極星，
重新思考未來的方向，
並在心中與自己簽約，努力實現自己的終極理想——
守護生命，幫助世界變得更好。

許多人覺得自己生來平凡，日子過得沉穩平靜，就像是義大利畫家莫蘭迪（Giorgio Morandi）筆下的世界——各種顏色都被調和成低飽和的灰色調，似乎少了令人眼前為之一亮的挑戰與驚喜。

但人的可貴之處，就在於強大的可塑性，只需要一個契機，就能喚醒深埋在心中的熱情火種，讓生命從此充滿可能性。

正如同台北市政府消防局北投光明分隊隊員許家睿，一直認為自己活得平庸，直到一場車禍意外，他開始反思生命的意義，再加上對悉心照顧他的醫護人員懷抱感謝，決意投入緊急救護領域，將善意的漣漪向外擴散出去。

車禍後，重新找到生命動力

初次接受訪問的許家睿有些靦腆緊張，不時看向手機裡事先整理好的重點，深怕自己講述得不夠精采。

二〇一五年自亞東技術學院工業管理系畢業後，許家睿沒有循著本科系的專業路徑發展，而是選擇學習緊急救護技術，在軍中當了六年的醫務士，並在二〇二二年通過國家特考，成為消防員。

得知系辦公室推薦他做為傑出校友訪談人選時，他非常意外，因為自認沒有特別的強項，「以前我就跟大多數的大學生一樣，過一天算一天，也不知道自己在念什麼。」

生命的轉折總是來得突然。大一某一天，許家睿正在穿越馬路，一輛車子違規迴轉撞上來。他當場昏迷，被一一九急救並送到學校旁邊的亞東醫院做手術，幸運的是沒有危及生命。

本該肆意飛揚的新鮮人生活，被迫按下暫停鍵。

等待左大腿骨折痊癒的過程，許家睿時常從病房窗戶望向隔壁的學校操場，看著同學們運動、跑步，自己卻連順利行走都成為奢侈，心中有時浮現被無妄之災波及的憤怒，更恐懼留下後遺症，即使康復也無法像正常人一樣跑跑跳跳。

幸好許家睿天性樂觀，「我有個優點，是能夠把看似糟糕的事情變成人生的轉折點，往好的方向走。」意外飛來的橫禍，被他視為珍貴禮物，帶領他思索自己想要過什麼樣的生活。

許家睿平安出院後，一改過去順其自然、將煩惱留給明天的步調，為自己按下加速鍵。他渴望在有限的生命中創造最多價值，開始養成想做就立刻去做的習慣，不論是跑步、重訓、三鐵及水肺潛水等

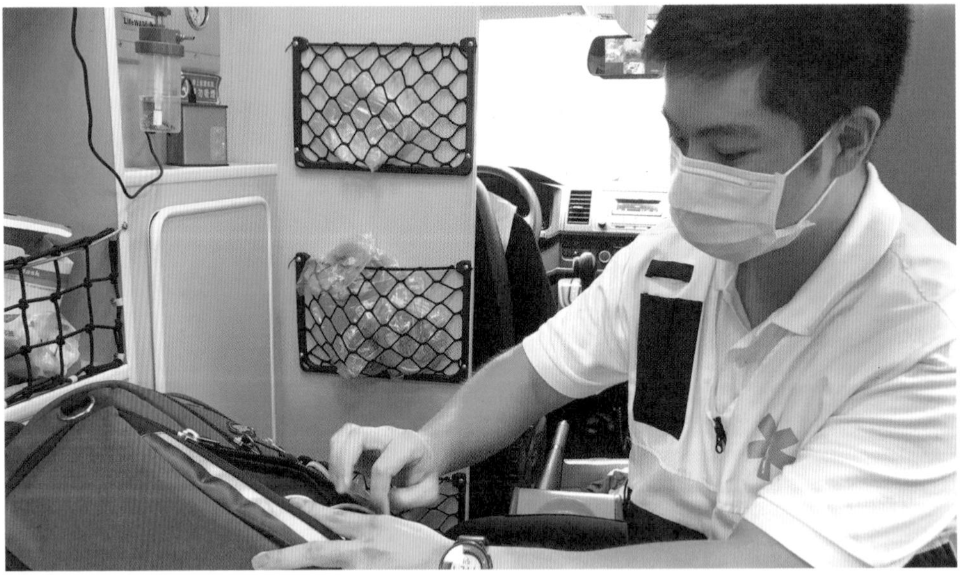

因為一場車禍，讓許家睿對救護人員的照顧印象深刻，這也啟發他之後學習緊急救護技術，投入消防員行列。

活動，「只要可以幫助自己變得更好，或是擴展不同領域的事，我都會去嘗試。」

積極探索自身天賦

在忙碌的課業與打工之外，許家睿也一直在探索自己的天賦與熱情所在，希望找到結合興趣、所學並能幫助他人的職涯方向。正當他感到迷茫時，系上老師林瑞明對他說，大學時選擇的科系、讀的必修課，並非決定人生的絕對因素；重要的是在四年結束後，回頭檢視自己得到什麼、提升什麼，以及想成為什麼樣的人。

「這些話給我很大的啟發，」許家睿決定，不要讓過去所學限制往後的人生。

他腦海中第一個浮現的就是大一發生在自己身上的車禍。當時救護人員的照顧與幫助，在他心中留下很深刻的印象。「因為它牽涉生死，意義特別重大，我也很想參與這麼有價值的工作，直接幫助人，」這是許家睿的人生北極星，也是指引他做出人生決策的依歸。

有了方向之後，許家睿在畢業等待入伍的空檔，開始蒐集資料、研究方法，朝向緊急救護目標邁進。最終，他決定服志願役，成為陸軍軍醫——機械化步兵第二六九旅的醫務士。

放大強項，踏實逐夢

很多人對他的決定感到訝異。因為國軍招募門檻較低，加上退伍後可能難以適應一般職場的節奏，很少年輕人願意從軍，但許家睿卻有自己的觀點：「我沒有醫療相關背景，再加上緊急救護需要臨場反應、團隊合作和體力，軍醫單位是很好的訓練基礎。」

在開始軍旅生涯之前，他已經規劃好未來的藍圖，必須在六年之內完成三個目標。

首先是參加路跑、鐵人三項等運動賽事，提升體能；第二是要從基層升上幹部，學習合作、領導統御的技巧；最後，則是利用軍中的訓練資源，考取中級救護技術員（EMT-2）證照、職業大貨車駕照、救生員等未來從事救護工作所需的證照。

「這些我想做的事，其實在這期間就陸續完成了，」許家睿笑著說。這也反映出他踏實穩健的人格特質，只要是真心想做的事情，他便會在心中與自己擬定契約，然後一步一腳印地去實踐。

在努力完成短期目標之際，許家睿也沒有忘記抬頭凝視自己人生的北極星，持續尋找可以充分發揮興趣、能力及回饋社會的理想工作，「這六年是我給自己的探索期，如果最後找到的方向是留在軍中，也是一個選擇。」

直面生死的韌性與決心

抱著開放的態度，在EMT-2受訓階段，許家睿先後到了台北市立聯合醫院仁愛院區、新北市政府消防局的三重慈福分隊及中和的中和分隊實習，「我很快就知道，這就是我想要的。」相較於在軍中接觸到的病患情況單一，民間救護與消防體系的任務更加複雜多變，也更具挑戰性。

許家睿緊緊把握每一個學習的機會，例如，在施行心肺復甦術（CPR）時主動爭取施行位置。

不過，即使已經拚命在自己能力範圍內做到最好，但看著生命在眼前流逝，仍然對他產生巨大的衝擊。

某天，許家睿所在單位接獲民眾報案後前往救護，抵達現場的時候，只看到一位已經失去呼吸及心跳的中年男子；許家睿和同仁不放棄，積極施救，對方一度恢復心跳，只是最終仍然沒有成功救回他的雖然過程很辛苦，但許家睿對消防領域懷抱使命，促使他緊緊把握每一個受訓的機會。

生命。

「以前沒有感受過死亡離我們這麼近，但是在一個很日常的場景中，一個人卻這麼容易就走了，」當時的情景至今仍歷歷在目，看著病患口袋還放著剛領回的振興三倍券，許家睿不只感受到生命的無常，也深刻體會到這份工作的困難與價值。

正如同台灣消防職人劇《火神的眼淚》中的場景，每當一個生命逝去，消防員就會忍不住自問：「如果早一點抵達，是不是就來得及阻止悲劇發生？」心態若沒有適當轉換，這些無力感與自責可能演變成長期的心理創傷，和許家睿同梯實習的同學也有人因而出現失眠、惡夢等身心症狀，甚至選擇退出。但他早已做好心理準備，「我們做的事情沒有失敗，只是他沒有被救活，如此而已，」他平靜卻堅定地表示。

無論救護傷患或是前往火場救災，都必須跟死神賽跑，所以每個從業人員無時無刻不上緊發條，以求在緊急時刻做出最快反應。雖然辛苦，卻也是這份工作最令人熱血沸騰的動力。

許家睿觀察到，不管是在醫院或是消防局，雖然許多人常將「太累了」、「快撐不下去了」掛在嘴邊，但他卻敏銳地聽懂這些話的言

下之意，在於「雖然很累，但我還有熱情，所以做得下去」。

這種人人都懷抱著使命與熱情的環境，正是許家睿一直嚮往的理想職場，他也因而下定決心要往消防領域發展，退伍後立即投入消防警察特考的準備。

每個人都是讓世界更好的力量

自退伍到考試，其實只有短短半年，卻要準備《消防法》、《災害防救法》、《緊急救護辦法》、國文、英語、法學等多達十幾項的專業與共同科目，許家睿一樣用務實的心態面對。

「我不算很會念書，而且快十年沒讀書了，所以我給自己三年的時間考上，」他再次與自己「簽約」，每天凌晨五點就起床苦讀，同時也保持鍛鍊身體的習慣，第一年就成功考上。

之後，便是長達一年的受訓，除了原本就熟

「只要可以幫助自己變得更好，我都會去嘗試，」已成為台北市消防隊員的許家睿，未來希望能活用所學幫助更多人，讓世界愈來愈好。

悉的緊急救護之外，許家睿還必須學習消防及救助相關的技術，包含進入模擬火災現場的閃燃櫃，體驗從火災初期到全面燃燒後高溫達攝氏七百度的現場，透過深入認識火場變化而學會評估現場情勢，以免危及自身安全。

正如同《讓天賦自由》作者肯・羅賓森（Ken Robinson）所說：「不是每個人都能成為諾貝爾獎得主，但是所有人都身懷獨特的天賦與熱情，能夠驅使我們創造超乎想像的成就。」如今，許家睿已順利完成消防員的基礎訓練，並被分發至台北市政府消防局，隨時準備為社會貢獻自己的力量，幫助世界愈來愈好。

文／王維玲・攝影／黃鼎翔・圖片提供／許家睿

社會人文 BGB560

樸實的精采

17 個成就夢想的故事

國家圖書館出版品預行編目(CIP)資料

樸實的精采：17個成就夢想的故事 / 王明德, 王維玲, 沈勤譽, 林惠君, 邵冰如, 姚嘉洋, 黃筱珮, 黃筱潔著. -- 第一版. -- 臺北市：遠見天下文化出版股份有限公司, 2023.08
284面；17×23公分. -- (社會人文；BGB560)

ISBN 978-626-355-344-6(平裝)

1.CST: 臺灣傳記 2.CST: 文集

783.31　　112011930

作者 — 王明德、王維玲、沈勤譽、林惠君
邵冰如、姚嘉洋、黃筱珮、黃筱潔

企劃出版部總編輯 — 李桂芬
主編 — 羅玳珊
責任編輯 — 郭盈秀
美術設計 — 洪雪娥（特約）
攝影 — 黃鼎翔（特約）、賴永祥（特約）、林衍億（特約）

出版者 — 遠見天下文化出版股份有限公司
創辦人 — 高希均、王力行
遠見・天下文化 事業群榮譽董事長 — 高希均
遠見・天下文化 事業群董事長 — 王力行
天下文化社長 — 林天來
國際事務開發部兼版權中心總監 — 潘欣
法律顧問 — 理律法律事務所陳長文律師
著作權顧問 — 魏啟翔律師
社址 — 台北市 104 松江路 93 巷 1 號
讀者服務專線 — 02-2662-0012 ｜ 傳真 — 02-2662-0007；02-2662-0009
電子郵件信箱 — cwpc@cwgv.com.tw
直接郵撥帳號 — 1326703-6 號　遠見天下文化出版股份有限公司

內文排版 — 立全電腦印前排版有限公司
製版廠 — 東豪印刷事業有限公司
印刷廠 — 富星彩色印刷設計股份有限公司
裝訂廠 — 聿成裝訂股份有限公司
登記證 — 局版台業字第 2517 號
總經銷 — 大和書報圖書股份有限公司｜電話 — 02-8990-2588
出版日期 — 2023 年 8 月 29 日第一版第 1 次印行

定價 — NT500 元
ISBN — 978-626-355-344-6
EISBN — 9786263553729（EPUB）；9786263553712（PDF）
書號 — BGB560
天下文化官網 — bookzone.cwgv.com.tw

天下文化

BELIEVE IN READING